El Poder De La Disciplina
La Base de *TODO* Éxito

Por Miguel Martin

2011, 2014

All rights reserved © 2014 Miguel Martin
13722 Vida Ln.
Dallas Texas, 75253

Reservados todos los derechos. Prohibida toda reproducción total o parcial en cualquier forma escrita o electrónica sin la debida autorización de los editores.

ISBN-13: 978-0692361924
ISBN-10: 0692361928

SERVICIOS, comentarios, información sobre el autor o preguntas puede hacerlo en www.miguelmartin.info y www.laverdadprofetica.com

Dedicación:

A todo "Humano" que se ha preguntado porque unos son capaces, tienen y logran y otros no. Aquí tienes el secreto de su éxito y triunfo. Escribí pensando en TI porque tú puedes ser capaz, tener y lograr como o más que otros.

Agradecimientos:

A Dios por darme la bendición de poder escribir e inspirar a otros a vivir una vida con sentido. A mi familia, mi esposa Margarita por sus oportunos consejos. Génesis mi hija por ser mi nueva inspiración en vida. A Hector Acardi, Monica Molina, Hortensia Morales quienes con gusto dieron su tiempo para correcciones y sugerencias. Adrian Rusu por la portada.

Índex

Dedicación

Agradecimientos

Prologo 9
1. Disciplina 11
2. Disciplina Buscada 16
3. El Poder de la Libertad 19
4. La Disciplina para el ser racional 23
5. La Disciplina forja un Destino 25
6. El Diminuto Espacio Que Hace La Gran Diferencia 28
7. Al Alcance De Todos 31
8. Los Pensamientos 34
9. Las Elecciones 39
10. Las Decisiones 46
11. Escalones a La Disciplina Permanente 55
12. Falta De Disciplina Tiene Consecuencias 62
13. Disciplina Inteligente 66
14. Las Anclas De La Disciplina 71
15. Los Pasos De La Disciplina 78
16. Secretos Del Disciplinado 83

17. Haz lo que no te gusta	88
18. Las Desgracias	92
19. Primero lo "Primero"	97
20. Enfoque	104
21. La Disciplina de la Vida	112
22. El Libro Antiguo Lo enseña	117
23. Enemigos de La Disciplina	121
24. La Indisciplina	134
25. Una Segunda Naturaleza	142
26. Autodisciplina Te Transforma	155

Prólogo

Reflexionando *el por qué* unos triunfan y otros fracasan en la vida encontré varios puntos importantes que permiten esos resultados. En el cien por ciento de los humanos hay un buen porcentaje que logra soñar, otros planear y pocos ejecutar. Sin embargo en esos pocos, pocos son los que logran sus ideas estampadas en una agenda, calendario, convertidas en metas y así ver resultados.

La gran pregunta es ¿por qué pocos de los pocos que sueñan, idean y planean logran resultados? La respuesta es simple, pocos están no solo dispuestos, sino que conscientemente dispuestos a *pagar el precio* para esos logros. El principio Bíblico de "pocos" en (Mateo 7:14) sigue vigente en el progreso de individuos, instituciones, hogares y la humanidad en su totalidad.

Este libro no tiene el objetivo de mostrarte cómo lograr soñar, planear *sino ejecutar sabia e inteligentemente tus pensamientos,* ideas y objetivos ya poseidos. James Van Praagh expresó: "Cada uno de nosotros está en la tierra para descubrir su propio camino, y jamás seremos felices si seguimos el de otro." El camino propio y correcto no solo se piensa sino se sigue, se camina.

Leyendo el libro antiguo, estudiando la historia, analizando y observando la vida de un sin número de hombres y mujeres de todas las edades se encuentra una ley que rige sus éxitos, sus logros, resultados importantes y magnificas experiencias de prosperidad. No encontramos un milagro como centro de estas experiencias, no fue una dádiva accidental del cielo, ni la respuesta a una plegaria pasajera, nada de esto. *Fue el poder de la disciplina, la disciplina aplicada, la disciplina consistente y sostenible.*

Por lo tanto nos unimos al concepto de Martin Luther King, Jr. quien dijo: "La esperanza de un mundo seguro en el cual se pueda vivir yace en los no-conformistas disciplinados quienes están dedicados a la justicia, la paz y la hermandad." Para lograr esto debemos primero remover el mal hábito del conformismo de otra manera no podremos empezar a cambiar conceptos y hechos.

Es nuestro propósito demostrar que en la vida en general esa magnífica verdad que ha hecho libre y capaces a muchos para triunfar se llama *disciplina, una disciplina* que por voluntad propia se torna parte del vivir de seres humanos que desean y buscan el éxito en todo lo que se proponen.

Recordando que el éxito o prosperidad en un verdadero humano exitoso no es el lograr vivir como el común, no nada eso, una persona disciplinada es aquella que ve más allá de lo cotidiano, aspira un horizonte diferente, tiene metas claras y anti común, no es aceptable en el momento de su concepción pero allí está, se logra, llega a ser un resultado encontrado porque se mescló con pensamiento y acción consistente.

Un libro como este se hace necesario porque escrito está que, "Hay una falta deplorable de gobierno y disciplina." (Patriarcas y Profetas pg. 645.)

Nuestra misión en esta obra es traer a vista el concepto y demostrar la importancia de la disciplina en la vida, luego inspirarte a aplicarla aun cuando no se vea necesaria o las circunstancias sean adversas y pareciera imposible lograrlo. Todo esto demostraremos es al final, un estilo de vida que se elige concienzudamente si se desea triunfar.

No hay nada nuevo en lo que logra hacer a un ser humano exitoso pero si gran necesidad de aplicar disciplina a todo lo que sueñas, planeas y deseas ejecutar para que no solo "pienses", "intentes" sino "logres" tu agenda. "Ningún hombre o mujer ha logrado una personalidad firme sin autodisciplina. Tal disciplina no debe ser la meta únicamente, pero si debe ser dirigida al desarrollo de un carácter cristiano decidido." (John S. Bonnell.)

Disciplina
1

"Los que corren en el estadio, todos a la verdad corren, más *uno lleva el premio*." (1 Corintios 9:24.)

La vida con valor y sentido es una metodología que lucha por vivir, ser y dar y en ella para los seres inteligentes que saben que vinieron a esta vida por una buena razón, no viven al azar, sin sentido, todo lo contrario ellos saben que son responsables de su vida, de lo que dan, de lo que siembran, ellos dan lo mejor de sí mismos, producen un bienestar para la humanidad y dejan un legado cuando les toca retirarse.

Sin embargo todo el que desea triunfar entiende que: "En la guerra en que estamos empeñados pueden triunfar todos los que se someten a la disciplina y obedezcan a los principios correctos. Con demasiada frecuencia la práctica de estos principios en los detalles de la vida se considera como asunto trivial que no merece atención. Pero si tenemos en cuenta los resultados contingentes, nada de aquello con que tenemos que ver es cosa baladí. Cada acción echa su peso en la balanza que determina la victoria o la derrota en la vida. La Escritura nos manda que corramos de tal manera que obtengamos el premio." (Ministerio de Curación pg. 90,91.)

Ellos aprenden que parte del conocimiento que los eleva y engrandece en valores, principios y forma en ellos el carácter deseado tiene mucho que ver el cómo aplica la disciplina en sus pensamientos, deseos y acciones. La disciplina llega a ser para ellos un arte al que le dan toda su atención para llegar al horizonte antes visto.

Ellos saben que: "Incluso un camino sinuoso, difícil, nos puede conducir a la meta si no lo abandonamos hasta el final." (Paulo Coelho.) No son novatos en este arte, son aplicados en todo lo que hacen y lo hacen con alegría, con sabiduría y precisión que no pierden un solo segundo y oportunidad en el periodo de su vida.

Las facetas de la disciplina:

"¡Mi meta es llegar al final, satisfecho y en paz con Dios!" "¿Y tú meta cuál es, para este tiempo mágico que nos queda?" (Jackselins Arteaga.)

La disciplina puede verse de varias maneras, aquí será analizada desde cuatro ángulos,

- como un concepto,
- un hábito,
- una consecuencia o látigo,
- y la ley que tarde que temprano visita a todos los humanos.

El concepto:

El concepto tiene que ver con pensamientos, ideas, opiniones o filosofía que cualquiera se forma como visto en la vida del reformador Martin Lutero en Alemania, el ex presidente Abraham Lincoln en Estados Unidos, el ex primer ministro de Inglaterra Churchill o madre Teresa quienes de manera clara demostraron sus conceptos de la vida, religión, política, sociedad, sus logros al final fueron el resultado de disciplinas establecidas en sus mentes.

El concepto es de libre acceso pues todos tienen la oportunidad de adquirirlo sin embargo uno es al final el dueño de ello. "Los conceptos son de todos y se nos imponen desde fuera; las intuiciones siempre son nuestras." (Antonio Machado 1875-1939) Poeta y prosista español. *El concepto tiene un poder grandioso de hacer de nosotros el camino por el cual caminar recorriendo nuestro propio destino.*

No debe pasarse a la ligera este punto, es el ancla de cualquier comportamiento, emoción, acción y resolución, como también la base para la ignorancia, pereza, fracaso, derrota y humillación en la vida. Todo lo que somos y hacemos surge de nuestros conceptos. Debemos hacer conciencia de ello. Trabajar en lograr en ello para que tengamos una correcta brújula en la vida de cada pensamiento, sentimiento y acción debe ser nuestro objetivo.

El hábito:

"Nada hay más fuerte que el hábito." (Ovidio.) El mejor concepto es aquel que se transforma en un hábito, claro si es el concepto correcto. La disciplina es también un hábito porque nace en un concepto y al final ella vive donde hay acción consistente, progreso y no puede existir donde la persona no es diligente bajo acciones sólidas para lograr sus metas desde el mundo espiritual hasta el material.

Sin embargo de concepto a hábito es difícil de realizar una transferencia pero es posible. Así testifica la vida de Nick Vujicic quien sin brazos y un sin número de obstáculos pudo desarrollar una personalidad de éxito. Bajo la consistente acción de pensamientos positivos logró acciones productivas. Los hábitos son buscados y el que sabe buscar los encuentra para integrarlos a su vida pues ellos forman el carácter y sí que dan, los buenos hábitos abren puertas en la vida.

"Dicen que el hábito es una segunda naturaleza. Quién sabe, empero, si la naturaleza no es primero un hábito." (Blas Pascal.)

El látigo:

Es interesante que muchos solo conocen a la disciplina como un látigo, algo malo, costoso, difícil, una consecuencia del error, resultado de una falta como se ve en el liderazgo, la vida del rey Saúl en el antiguo Israel, ver (1 Samuel 15.) Ellos, las personas limitadas en conocimiento solo la conocen de esta manera porque no están abiertos a la enseñanza progresiva. Desconocen la importancia de la disciplina elegida y aplicada.

Los padres disciplinan a sus hijos, empleador a un empleado o el gobierno a sus subordinados por errores cometidos por medio de disciplina síquica, no aumento de salario, transferencia de responsabilidades, castigos de muchas formas, o llega bajo el nombre de infracciones, cárcel como visto en países donde no se acepta las protestas de los ciudadanos en muchas áreas de la vida, etc.

La disciplina es un látigo solo para los incapaces de aplicar diferentes formas de enseñanzas en la vida. Limitando su visión ellos en su experiencia solo ven latigazos cuando debieran ver oportunidades de desarrollo, crecimiento y amplitud de espíritu, personal y social. La disciplina es un látigo solo para el ignorante del poder que tiene la disciplina correcta.

La ley universal:

Al final propongo que la disciplina *debe aceptarse como una ley universal* pues la vida misma nos sumerge en ella conforme se necesita en nuestra existencia como visto en la vida del discípulo Pedro en la antigua Palestina por desconocer la ley de la disciplina casi se ahoga (Mateo 14:30,) niega a su maestro Jesucristo (Lucas 22:59-62,) se desvió del llamado súper desanimado (Lucas 5:5-9,) pero una vez superada su ignorancia al principio, después su voluntad terca entendió la ley de la disciplina y la acepto llegando a ser el gran apóstol Pedro figura de gran reputación para los millones de cristianos (Mateo 16:18,).

También tenemos la historia del capellán Peter Marshall quien por años trato de inmigrar a Estados Unidos siendo menor de edad, sin dinero una y otra vez fracasó hasta que el cielo le abrió la puerta llegando al final de todas sus luchas dicho de otra manera *disciplinas* a ser el Capellán del Senado en Washington D.C, Estados Unidos. La disciplina qué consecuencias tiene cuando no es buscada o no se comprende, a algunos les ha costado la vida o fracaso como le ocurrió a Judas Iscariote en los días de Cristo (Mateo 27:35) y Faraón en los días de Moisés cuando guió a su pueblo a la libertad (Éxodo 7-11.)

Por lo tanto la disciplina no es un tema en cual solo pasar y dar comentarios sino es algo al que debemos darle nuestra más sincera atención, debe ser analizada, estudiada y establecida en nuestra vida si deseamos vivir una vida de resultados positivos, éxito y desarrollo de la mente, carácter y personalidad en el presente. "Por eso, ceñid vuestra mente, sed sobrios, y fijad toda vuestra esperanza en la gracia que os será dada..." (1 Pedro 1:13.)

Cuando hablamos de éxito no lo mencionamos como un fin, la acumulación de dinero, cosas materiales o conocimiento acumulado sino de la convicción de saber que eres una bendición, das tu todo en lo que haces, la felicidad es experimentada en los diarios deberes de la vida. Disfrutar y dar en la vida es el éxito más codiciado y pocos logran porque son pocos los que logran entender que *el éxito verdadero no es el fin es el momento presente vivido con sentido y resultados.*

Apropiadas son las palabras de alguien que dijo: "Hay leyes naturales que gobiernan esta vida e influye sobre cada persona del planeta. Cuando las entendemos y cooperamos con ellas podemos convertirnos en maestros de nuestra vida." El poder de la disciplina nos ayuda a lograr este estilo de vida pero requiere que lo comprendamos y demos nuestro todo cooperando para ser nosotros los dueños de lo que dirige nuestra vida.

Por lo tanto el concepto correcto es requerido, el hábito apropiado debe obtenerse, las consecuencias – el látigo es parte de la experiencia bien o mal y al final el Universo se mueve bajo leyes que no cambian y afectan o bendicen a muchos ya sea aceptado a conciencia o no.

Disciplina Buscada
2

"La santidad que la Palabra de Dios dice que debemos tener antes de poder ser salvados es el resultado de la obra de la gracia Divina cuando nos sometemos a la disciplina y a la influencia moderadora del Espíritu de verdad." (Dios Nos Cuida pg.172.)

En este libro deseamos enfatizar e invitar a que veamos a la disciplina como un concepto buscado, un hábito aplicado por voluntad propia como se ve en la vida de los atletas. Ejemplo de ello tenemos a Francisco Cabañas Pardo en los 1930 el primero que deja a México en la historia con su primera medalla olímpica fue posible gracias a su disciplina y deseo de llegar lejos. La disciplina buscada no es impuesta por nadie, tal y como se experimenta en el ejército sino inquirida e imputada por el mismo individuo que desea lograr, *algo mejor* en su vida como se ve a las claras en la vida de Benjamín Franklin y sus 13 virtudes que él estableció para cuidar y crecer en su carácter o Mahatma Gandhi en sus ayunos bajo disciplina superior influenciando a toda una nación de millones de habitantes.

Creer es una cosa, buscar y hacer es totalmente otra. Moody fue un evangelista y editor estadounidense que fundó la Iglesia Moody, la escuela Northfield y escuela Mount Hermon en Massachusetts, ahora llamada escuela Northfield Mount Hermon, el Instituto Bíblico Moody y la Moody Press. Visitado y halagado por Estados Unidos, Inglaterra, Escocia e Irlanda y él presidente Abraham Lincoln en 1862. Pero ¿cómo logró tan grande éxito?, la misma respuesta, la disciplina. Cuando joven una de las cosas que su tío le exigió y pidió que hiciera era ir regularmente a la iglesia lo que hizo. Esto y su deseo de ser una bendición lo hiz una bendición en el mundo de su tiempo.

En esto radica el éxito de todo conocimiento cuando se busca, se realiza, allí hay algo grandioso que solo el individuo involucrado goza sin que la crítica de nadie lo desanime pues sabe que así lo quiso y así lo tiene. "Hay en el mundo un lenguaje que todos comprenden: es el lenguaje del entusiasmo, de las cosas hechas con amor y con voluntad, en busca de aquello que se desea o en lo que se cree." (Paulo Coelho.)

Este tipo de disciplina es genial pues tiene el poder de hacer milagros en el camino de cada interesado. Por lo tanto, "Comienza tu obra; comenzar es haber hecho la mitad; comienza de nuevo, y la obra quedará terminada." (Anónimo.) Esto es lo que logra una disciplina buscada, siempre hay un comienzo y fin, nunca solo un comienzo.

Nadie nace bajo las acciones disciplinadas. Ella es un estilo de vida que la mente racional reconoce como esencial antes de que funcione. La disciplina se busca, se encuentra y así se usa bajo esta misma ley, la de la voluntad. Debemos darnos a la tarea de incorporarla en nuestra vida y para ello debemos buscarla bajo la promesa, que 'el que busca, encuentra' (Mateo 7:7.) Con mucha razón (Confucio) nos dijo: "Lo que quiere el sabio, lo busca en sí mismo; el vulgo, lo busca en los demás."

Tan esencial es esta verdad pues *es la disciplina buscada* en si la esencia que hace posible lo deseado y planeado por cada ser humano inteligente y dispuesto. La bendición de la disciplina es vida y poder aunque espera en todo humano ser utilizada. Entre aquellos que voluntariamente buscaron la disciplina está el gran apóstol Pablo – en sus escritos él dice, "en todo dad gracias", dar gracias en todo, todo lo bueno y lo malo requiere de una disciplina de mente, emociones y carácter. Lamentablemente no es descubierta por todos, ni mucho menos buscada, pero cuando se encuentra sí que da lo que se quiere.

Londres 1948 fue un gran escenario para el deporte mexicano que demuestra esta verdad. Las primeras medallas de oro en la historia de México las ganaron **Humberto Mariles Cortés** en la prueba de salto individual de equitación y se convirtió en el único mexicano en ganar dos medallas de oro olímpicas, la segunda con la prueba de salto por equipos junto a sus compañeros Rubén Uriza Castro y Alberto Valdés Ramos. Rubén Uriza Castro también ganó la de plata en la prueba de salto individual. Convirtiendo a la prueba de salto individual en el primer "1-2" de la historia olímpica mexicana. Todas gracias al deseo y al estilo de vida que desarrollaron para lograr sus metas.

Aún en esta búsqueda se debe aprender donde buscar. Entre aquellos pocos que logran buscar unos cuantos llegan a su destino porque contados son los que saben dónde buscarlo. Creo que la mayoría sabemos que cuando algo se perdió no estaba en los lugares que se buscaron, al final se ríe uno porque ese objeto perdido estaba muy cerca de nosotros o como nos ha pasado a algunos, buscamos los lentes en todo lugar menos en donde están, la cabeza. El lugar que debe buscarse esta disciplina es dentro de nosotros. Hermann Hesse escribió, "He sido un hombre que busca y aún lo sigo haciendo, pero ya no busco en las estrellas y en los libros, sino en las enseñanzas de mi sangre."

No existe mañana para el que sabe vivir. El presente es el regalo más grande que tenemos y es nuestro deber decidir qué haremos de él lo mejor, invirtiendo lo mejor de todas nuestras fuerzas, facultades y capacidades. "Por eso te aconsejo que, "Coge el día presente y fíate lo menos posible del mañana." (Horacio.) Hoy es el día de empezar, ayer se fue, mañana no sabemos si vendrá, hoy es el día, empezar a buscarla o si ya lo aceptamos debemos aplicarla. "La persona inteligente busca la experiencia que desea realizar." (Aldous Huxley.) Empecemos.

El hecho que un humano comprenda su necesidad de ella es el comienzo de esa nueva manera de pensar, así será su primer paso a buscarla y sin duda su primer pasó a aplicarla. La vida es sin duda una vida fructífera cuando se sumerge a la vida disciplinada por voluntad propia. "Sólo triunfa en el mundo quien se levanta y busca las circunstancias y las crea si no las encuentra." (George Bernard Shaw.)

El Poder De La Libertad
3

"No entres donde libremente no puedas salir." (Mateo Alemán.)

La disciplina vive en el poder de la libertad que debe ser encontrada en el interior de uno mismo. Fernando Savater nos dice que, "Libertad es poder decir sí o no; lo hago o no lo hago, digan lo que digan mis jefes o los demás; esto me conviene y lo quiero, aquello no me conviene y por tanto no lo quiero. Libertad es decidir, pero también, no lo olvides, darte cuenta de que estás decidiendo. Lo más opuesto a dejarse llevar, como podrás comprender." No hay otra base para la disciplina con éxito, debe ser bajo la base de libertad.

Una de las cosas más bellas del ser humano es que tiene en si el poder de la libertad pero que la mayoría no lo sabe. Y parece ser que desde que el hombre se desvió del camino en la creación empezó a culpar a todos menos a sus mismas elecciones y decisiones. A las consecuencias a su desobediencias Adán le dijo a Dios, 'la mujer que me distes me dio de comer', ella dijo 'la serpiente' nadie aceptó su propia elección, decisión y responsabilidad. La libertad de hacer, elegir es una ley universal que en cada persona Dios instituyó y está la capacidad de ser libres en todo y para todo. El que aprende a reconocerla y usarla será capaz de someterse a la disciplina buscada y cualquier cosa que ocurra sabrá que es su elección, su responsabilidad y de nadie más.

Tristemente pocos usan su libertad para escoger y esto ocurre porque hacerlo incumbe responsabilidad. En esta libertad de buscar y escoger por uno mismo hay *responsabilidad no buscada sino impuesta por uno mismo después de elegir y decidir.* "La libertad significa responsabilidad; por eso, la mayoría de los hombres le tiene tanto miedo." (George Bernard Shaw.) La verdad es que el que descubre la libertad descubre responsabilidades que lo harán feliz, próspero y exitoso. Es por eso que son pocos los que existen gozando de prosperidad espiritual, física, económica y social pues son pocos los *que saben vivir en libertad, responsabilidad escogida voluntariamente.* Por lo contrario que confusión tienen los que no lo saben, viven murmurando, quejándose de esto y aquello.

Una de las victorias más grandes de un ser humano es en el momento en que se da cuenta de su libertad y por ende de su potencial, capacidad y posibilidades que tiene. Entonces decide buscar lo que lo hará una bendición, productivo, capaz y útil en esta sociedad. Se someterá a disciplinas. Si, la disciplina es el secreto encontrado lo que permite, hace posible eso que se ha pensado o buscado en *el mundo síquico civilizado.* La disciplina secreto es para los que nunca se han molestado en saber, investigar que ha hecho que otros sean, tengan y logren lo que ellos no tienen o son.

El fracaso de tantos hogares, instituciones, organizaciones religiosas y la sociedad misma es que vivimos en un mundo con dictadores impuestos y lo peor es que somos uno de ellos al no reconocer nuestra propia libertad. Pareciera que estamos en la naciente era de la ignorancia sobre este punto de la disciplina, en las cavernas y montañas del pasado, lejos de la civilización psicológica y comportamientos. Muchos viven en el siglo 21 con mentes de la edad obscura. Por lo tanto si se desea encontrar la disciplina nuestra mentalidad debe cambiar para que cambien nuestras acciones.

Entremos voluntariamente al mundo civilizado – síquicamente hablando. Para mí el mundo mental civilizado es ese momento en que cada ser humano *descubre la oportunidad que tiene, lo capaz que es* de lograr grandes metas, objetivos y posibilidades, que puede cambiar, ser alguien, hacer la diferencia, salir de un estado mental y entrar a uno superior. En todo este proceso el tubo que transporta esto a una realidad es la disciplina buscada, allí la disciplina llega como una bendición si se la utiliza sabiamente.

Al final la disciplina bajo responsabilidad en la libertad hace que todo sea realidad es imposible que no se vea el deseo. Todo lo posible está disponible a los que libremente respondieron a lo que se merecen. "La libertad es como la vida, sólo la merece quien sabe conquistarla todos los días." (Johann Wolfgang Von Goethe.)

El paso más grande de este día está en reconocer la bendición del poder de la libertad, la decisión que hagamos hoy *de buscar* en la libertad por nosotros mismos esa disciplina apropiada a los deseos establecidos nos hará prósperos en todo lo que nos propongamos. Al final la libertad es la puerta que le da a la disciplina el poder de ser lo que quiere ser. "La libertad no es nada más que una oportunidad para ser mejor." (**Albert Camus.**)

El poder de la libertad es expresada por el universo al decirnos en el libro de Dios: "A los cielos y a la tierra llamo por testigos hoy contra vosotros, que os he puesto delante la vida y la muerte, la bendición y la maldición; *escoge, pues,* la vida, para que vivas tú y tu descendencia." (Deut. 30: 19.), no importa quien seamos buenos o malos, ricos o pobres, ignorantes o sabios todos podemos elegir y eso es libertad en cada ser humano.

El poder de la libertad es demostrado en la vida de un joven de raza negra en su libro 'From the Hood to the Hill' describe sus comienzos en un barrio nada prometedor aun en contra de la profecía de la persona del servicio social quien al tomar los nombres de sus hermanos y hermanas dijo, "estos a la cárcel y ellas a incrementar la estadísticas de jóvenes embarazadas". Pero de ese barrio pobre en Baltimore Maryland, con un padre alcohólico y ausente, economía escasa Barry C. Black eligió salir y encontrar un destino. Algo que lo describe a este héroe después de su gran fe y dependencia en Dios *es su capacidad desde sus inicios de usar el poder de la libertad.*

Él entendió el gran potencial que el ser humano tiene y pudo describirlo en las siguientes palabras. *"Me niego a permitir que lo negativo me ciegue a lo positivo…"* en otra instancia dijo, *"Barry, me seguí diciéndome a mí mismo, no dejes que tu humilde inicio restrinja tu presente o tu futuro."* En pocas palabras pero bien claro él nos dice que la libertad de someterse a disciplinas que lo eleven a uno es un deber que incumbe a uno y es posible.

Gracias a esta verdad vivida en este joven, él pudo llegar a ser, dos estrellas almirante de la Marina y el primer Afro Americano, Jefe de la Marina de los Capellanes. Más tarde fue seleccionado como el capellán número sesenta y dos del Senado de EE.UU...

¿Qué has hecho con el poder de libertad? ¿Estás usando esta Divina capacidad en ti en este momento? ¿Le sacarás provecho a este poder para lograr establecer y poner en moción tus disciplinas? ¿Esperarás más tiempo o empezarás? Hoy es el momento, hoy es el día para continuar o empezar. Usemos el potencial que tenemos en el poder de la libertad.

La Disciplina para *EL SER* racional

4

"No estabas allí al principio. Tampoco estabas allí al final... Tu conocimiento de lo que está pasando sólo puede ser superficial y relativo." (William Burroughs.)

Es un conocimiento:

Todo lo que se hace en la vida requiere un conocimiento, aun lo malo es el resultado de un conocimiento ya sea buscada por uno mismo o no y *la disciplina no es la excepción, ella es en sí un conocimiento adquirido,* ese conocimiento puede si así lo quiere el individuo volverlo una acción, un deber, una responsabilidad pero para ello la persona debe sumergirse en lo que es una vida disciplinada de adquirir conocimiento apropiado. Por lo contrario adquirirá un conocimiento que inconscientemente lo está formando de otra manera no fuera lo que es, un indisciplinado porque también eso es un conocimiento aplicado.

Los conocimientos son buenos pero es igual de nada si no son aplicados. La única manera de poder formar un camino donde no había uno, es empezar a caminar si esa es la dirección para llegar a nuestro destino. El conocimiento es la base de una disciplina. Ella nace en él y tiene vida si se pone en práctica. *Un conocimiento no aplicado es ignorancia cruel.*

"La acción es el fruto propio del conocimiento." (Thomas Fuller.)

Sin embargo ella va más lejos, ella en su vida invita al poder de la elección, elige lo que quiere, invita a la decisión, decide hacer lo que quiere y se aferra a la voluntad para ir a la acción. Logra lo que quiere porque en esta escalera de conocimientos ella se eleva a la realidad, porque vive en acciones existentes no imaginarias.

"Sabemos muy poco, y sin embargo es sorprendente que sepamos tanto, y es todavía más sorprendente que tan poco conocimiento nos dé tanto poder." (Bertrand Russell.)

Un arte:

Por lo tanto disciplina es un conocimiento aplicado y ahora se convierte en un conocimiento en acción. Sin embargo la persona que lo aplica, la práctica, la repetición lo convierte en él o ella un verdadero arte, una habilidad, una industria personal, una destreza inteligente, se gradúa en una maestría. Llega a ser un oficio deleitoso, se vuelve su técnica, es una práctica adquirida por voluntad precisa.

"El arte no es una cosa sino un camino." (Elbert Hubbard.)

El arte de la disciplina no es vivir por respirar, es una vida de principios, leyes y convertida a que todo tiene un sacrificio y resultado. Paga el precio de estudiar, matar la ignorancia. Se levante temprano, temprano a todas las cosas buenas, sabe lo que desea practicar de sus conocimientos, las acciones para él son consistentes y con mucho sentido, tienen un objetivo pero sobre todo sus conocimientos están bautizados en la convicción de "trabajo ahora, y gozo después" no viceversa.

"El arte tiene un enemigo que se llama ignorancia." (Ben Johnson.)

Entonces la práctica, la repetición, el hábito constante y la aplicación inteligente hacen que el individuo logre y tenga la disciplina como el arte más poderoso en su vida. Será alguien con visión y misión, tiene presente porque construye su futuro. Con mucha razón dijo Paul Klee "El arte no reproduce lo visible. Lo hace visible."

La Disciplina *forja* un Destino
5

"No creo en la casualidad ni en la necesidad; mi voluntad es el destino." (John Milton.) Palabras sinónimas para disciplina podrían ser método, orden, regla, norma, pauta, conducta, látigo, azote. Procedimiento, técnica, régimen, plan, costumbre, hábito, política, concepto y arte. Estas dan un sin número de información que evoluciona ideas, costumbres, culturas y porque destinos. Nuestro fin en el mundo tuvo su inicio en nuestras creencias.

Todas estas palabras sinónimas son un vasto conocimiento que se podría escribir un libro por cada una de ellas sin embargo deseamos enfatizar que *la palabra disciplina es más que una palabra, provee la oportunidad* de ver la gran posibilidad de forjar, noten que dije *forjar no forzar* una mente, carácter y personalidad codiciable a todo el que te vea vivir. Así es visto en la vida de Jesús Él creó su destino, con razón lo dijo "...sé de dónde he venido y adónde voy..." (Juan 11:14.)

Te pregunto, ¿tú sabes de dónde vienes a dónde vas en la vida? No sería nada malo, evaluar nuestros conceptos, planes, metas pues ello dirá mucho de lo que ya somos y adónde nos dirigimos. El precio de la evaluación vale la pena. Saber a dónde nos dirigimos será determinante en demostrar el destino que buscamos, pues el destino no es mañana es hoy en la mente, hoy en las elecciones, en las decisiones y acciones en moción, ese es ya el destino.

"Cada hombre debe tener derecho a elegir su destino." (Bob Marley.) Cualquier ser humano aunque nace y vive con seres humanos tiene el poder de ser diferente. Tu vida envuelta en esta palabra es completamente diferente al populachero. Ella tiene el poder de forjar un destino, y lo más emocionante es que él destino puede ser el que tú elijas y quieras.

El destino de cada humano es al final sus propias elecciones, su propio conocimiento, sí su propia búsqueda y deseo. No te engañes no es otra cosa, el destino será lo que somos hoy. Esto está demostrado en la vida de Theodore Roosevelt para poder llegar a ser presidente primero lo puso en su mente y estando él convencido desde muy joven de esto el universo solo abrió el camino mientras él trabajaba *duro, disciplinadamente* hasta que lo logró. Edmund Morris en su libro 'El surgimiento de Theodore Roosevelt' escribió en su biografía, "Disciplina personal de hierro había llegado a ser un hábito para él."

La siguiente frase demuestra que en el mundo del éxito, lograr un destino con los mejores resultados es imposible sin la disciplina aplicada: "Usted nunca llegará a ser lo mejor que usted puede llegar a ser si la presión, la tensión y la disciplina son removidas de su vida" (Dr. James G. Bilkey.) Una disciplina aplicada es de suma importancia y el eje de lo que se quiere en la vida.

Recordando que debemos destacar que todo conocimiento sin disciplina es ignorancia, nunca existió en verdad a menos que se practique pero practicarla para lograr resultados requiere disciplina buscada, aceptada y practicada religiosamente. Por eso, "Desarrolle sus ventajas; pequeñas diferencias en su desempeño pueden llevar a grandes diferencias en sus resultados." (Brian Tracy.)

- El destino no es un milagro, no es algo encontrado al azar sino que *es un resultado buscado*, una consecuencia sembrada para tener la consecuencia cosechada, una puerta que se abre por nuestras propias manos. Esta fue la experiencia de Mandela, de joven expulsado de la escuela por sus creencias, su primera esposa se muere, una hija muere por salud, el otro en accidente. La oposición a sus convicciones le quita 27 años en la cárcel. Pero nada de esto destruyeron sus ideas *solo abrieron camino* a su destino llegar a bendecir a su pueblo africano, llegar a ser presidente que hasta hoy es reconocido como un gran héroe, luchador por los raza negra pero sobre todo inspirador de los que han buscado su propio destino.

- "Cualquier destino, por largo y complicado que sea, consta en realidad de un solo momento: el momento en el que el hombre sabe para siempre quién es." (Jorge Luis Borges.)

El destino es cada ser humano, no los padres, circunstancias, eventos o educación convencional. Es tu decisión y las disciplinas que escojas es al final lo que concibe tu destino. Pero debes saber que para lograrlo requiere de valor, cambios radicales de conceptos y una determinada acción. He allí donde muchos se hincan cansados pero los que saben luchan por su destino, luchan hasta desarrollar y obtener su deseo.

"Los hombres son dueños de su propio destino." (Paulo Coelho.)

El Diminuto Espacio Que Hace La Gran Diferencia

6

Una mayoría llegan al punto de lograr pensar, otros más idear y pocos planear. Estos empiezan a ejecutar pero se cansan en el momento menos esperado y así se reduce a un número pequeño los grandes héroes de la vida cotidiana. A la mayoría les asusta los obstáculos. El precio para el logro de esa idea les da miedo. De esta manera todo se queda trocado. Tanto el que empieza y el que solo piensa son lo mismo.

Por lo tanto compréndase que la disciplina en verdad es esa ancla en el barco de la vida, *es ese diminuto espacio que existe entre desear ejecutarlo y lograrlo.* No nos engañemos con conceptos equivocados como el estar motivados sin acción, hábitos correctos sin perseverancia, de nada sirve, el mentado positivismo mental *sin acción persistente* es una nube en un día común.

Inició su vida como un hombre común, más tarde en sus 30 años se convierte en Ministro en una de las iglesias de Manhattan. Su membrecía crece de cientos a miles. Establece una revista llamada Guidepost y sumerge su vida a escribir para ayudar a la gente. Pero uno de sus libros que tuvo el éxito más grande de su vida, más de 20 millones vendidos, traducido a más de 40 idiomas fue rechazado más de 30 veces. Cansado y desanimado lo tiró al vote de la basura y le dictó a su esposa que no lo tocara que lo dejara allí.

Dicho y hecho ella no lo tocó. Se llevó la cesta de la basura con el libro a quien finalmente lo público, 'El Poder del Pensamiento Positivo'. Su nombre fue el famoso Norman Vicente Peal. Más tarde en una carta el cuenta de ese incidente y nos deja un mensaje poderoso, "en cada rechazo uno aprende algo. Y yo aprendí que si uno sencillamente sigue cumpliendo con su deber, y ama a la gente y no odia a nadie, finalmente gana una victoria." (Carta de N. V. Peale) a Andy Andrews en su libro "Tormentas de Perfección."

Grandes proyectos no tienen éxitos a menos que nos consagremos bajo una disciplina intencional persistente. Evaluemos nuestros logros y ellos nos dirán si somos o no personas disciplinadas. Si ese espacio entre deseado y ejecutado está en función será visible, de lo contrario seremos grandes soñadores y solo eso. Su importancia es su actividad. Ese microscópico espacio entre saber y hacerlo persistentemente es el pequeño timón que está frente al chofer humano para llegar a donde él mismo quiere. Pero *este hacer* es sin boleto de regreso, es lo suficientemente persistente hasta lograrlo.

(Jim Rohn) lo dijo así: "La disciplina es el puente entre las metas y el éxito. Todos tenemos que sufrir uno de dos dolores: el dolor de la disciplina o el dolor del pesar. La diferencia está en que la disciplina pesa unas cuantas onzas, y el pesar, toneladas." Es un puente que nos permite pasar de donde estamos a otra mejor sección de la vida.

Esta es la razón porque unos llegan después de planear *a sus* horizontes y *otros solo empiezan* el camino del éxito. La disciplina es lo que la mayoría ignora donde los pocos trabajan persistentemente. Es el espacio de la esencia que da olor suave a la obra consistente del hombre, ella da recompensa con resultados de gratas fragancias a todo ser esforzado.

Ese espacio es el lugar donde tú no solo piensas sino seleccionas que pensar porque sabes que tus pensamientos son tus acciones. En este espacio es donde tienes tu oficina para establecer acciones. Tus disciplinas son los ejecutivos más ambiciosos, persistentes, tercos cuando quieres algo. Es en este espacio desconocido para la mayoría que se elige, toma decisiones y se acciona persistentemente para llegar al destino.

Le encantó la música así que se aventura. En 1978 publica su primer álbum su nombre es Amy Grant. A los 17 años en el verano empieza una gira para promocionar su nuevo álbum y la primera presentación fue en una tienda donde no llegó nadie, su madre que la acompañaba también se fue. Solo la escuchó el encargado de la tienda. ¿Qué hubieras hecho tú en su caso? Llorar, desilusionarte o cantar? Pues bien ella cantó.

Más tarde ella nos dice "NO puedo decir, sin duda que no pensara aquel día en darme por vencida, pero me alegro de no haberme rendido...Reconozco que no hay garantía en la vida. También se que rara vez las buenas cosas ocurren en el primer intento. Así que mi consejo para cualquiera que lea esta carta sería el siguiente: ¡Cualesquiera que sean sus metas, no se rinda!" (Carta de Amy Grant a Andy Andrews) en su libro "Tormentas de Perfección." La disciplina en general hace la diferencia.

En este espacio es el lugar donde experimentas lo que deseas en la vida. Allí es laboratorio para que tus acciones no sean sin rumbo. El que reconoce este espacio en lo síquico lo aprecia en lo práctico. Si no sudas en este gimnasio de la mente no podrás estar feliz cuando te veas en el espejo de la vida. Escoge donde empezar hoy y canta aunque no llegue nadie a cantar pues ya tendrás esa bendición de una gran audiencia. La vida es nuestro escenario que tal haremos con lo que deseamos. Hagamos nuestro destino.

Al Alcance De Todos
7

Lo más maravilloso que he encontrado en la vida es que no importa de que se trate todo está simbólicamente en nuestras manos, en pocas palabras todo radica en nosotros mismos, no es nada místico, caro, años en la universidad, no, todo está en nuestra propia mente, en nuestros propios pensamientos, elecciones y decisiones. Somos lo que somos y somos lo que podemos ser. El ser y no tener es total responsabilidad nuestra.

Todo este equipo de facultades diariamente aplicadas son las que nos forman, nos abren o cierran la puerta de la vida exitosa. Todo lo que la vida le tiene reservado a alguien es la puerta que está allí para todos pero solo son algunos los que se asoman y abren la puerta.

No hay otra verdad que nos dé la libertad de poder escoger, podemos empezar si entendemos que somos nosotros los que podemos cambiar nuestra vida, el rumbo que llevamos, la distancia es entre el logro y el solo ver está en que seamos disciplinados persistentes cada día, momento, segundo en todas nuestras facultades a disposición del competente. En nosotros está *el poder* de establecer lo que se quiere, lo que se espera, lo que se desea y de lograrlo.

La verdad más impactante es que somos el gobierno y los actores y artistas que creamos nuestro mundo, nuestro destino y así nuestra vida será lo que hagamos de ella. Y por lo tanto analicemos el poder que tienen los pensamientos aplicados constantemente en la vida disciplinada.

La mente es la fuente de todo poder dado al hombre y en ella está la fuente de toda posibilidad que el ser humano tiene a disposición si diariamente, constantemente, sistemáticamente se somete a disciplinas que lo llevarán lejos, muy lejos si se acepta que todos tenemos la disponibilidad de grandes logros al vivir disciplinalmente.

Mike Huckabee fue elegido como gobernador teniente de Arkansas en 1993 y comenzó su término como gobernador de Arkansas en 1996 después de que el anterior gobernador fue encontrado convicto en el caso "Whitewater". Antes de entrar a la política él fue ministro de la iglesia Bautista del sur. También fue dos años presidente de una membrecía de 45 mil de la convención Bautista del estado Arkansas el más joven de la historia de tal institución. También formó dos estaciones de televisión, dos compañías cristianas de mercadeo y comunicaciones.

Más tarde este hombre buscó la presidencia de los Estados Unidos en el 2008, fue contratado por las noticias Fox como comentarista oficial sobre política en dicho canal. Hoy es autor de varios libros. ¿A qué se debe su progreso, éxito en lo que es el mundo político? Leamos sus propias palabras y razones a este excelentísimo progreso viviente.

Siendo ministro cuenta: "Mi experiencia *en el trato diario* con personas reales que fueron afectados realmente por las políticas creadas por el gobierno me dio una profunda comprensión de la fragilidad del espíritu humano y la vulnerabilidad de tantas familias que han luchado de semana a semana. Yo estaba en la UCI en dos ocasiones con las familias frente a la decisión de desconectar un respirador en sus seres queridos, mi consejo a las niñas embarazadas de quince años de edad, que tenían miedo de decirle a sus padres sobre su condición, *me pasé las horas de audiencia* con el dolor de las mujeres que habían sido física y emocionalmente maltratas, con una paliza de un marido abusivo, vi la angustia en los rostros de una pareja de ancianos cuando su salud disminuyó y les obligó vender su casa, renunciar a su independencia, y se mueven en un mecanismo a largo plazo de atención, *escuché a un sinnúmero de parejas jóvenes* derramar sus almas mientras luchaban para obtener sus matrimonios en modo de supervivencia cuando se enfrentan a la deuda extendida..." (Huckabee,)(De la esperanza a una tierra más alta, p. 7.) (Inglés)

¿Qué vemos con este testimonio de este gran hombre, líder y político? Sus resultados no han sido un milagro Divino aislado, no son la ventaja de ser un hombre o tener dinero. Una vez más la verdad resalta que el que tiene el conocimiento, lo aplica, *tiene disciplinas repetidas 'tratar con la gente diariamente' fue de esta manera que* logra el hábito que lo hace crecer, establece a alturas inimaginables. En el caso de él fue la experiencia diaria, constante que tuvo con el pueblo, el público como ser humano, como ministro que lo capacitó para otros logros de grandes alcances.

El reconocimiento del éxito no es un abrir y cerrar de ojos con pensamientos positivos, es el pensamiento positivo puesto en acción una y otra vez en la vida diaria y común que lo eleva a uno bajo la ley que dicta que la disciplina está al alcance de todos los que quieren alcanzar *el todo que la vida les tiene reservado.*

Los Pensamientos
8

Elena de White nos dice que: "Tiene que practicar la disciplina propia... Una mente común, bien disciplinada, efectuará una obra mayor y más elevada que la mente mejor adecuada y los mayores talentos sin el dominio propio." (Palabras de Vida del Gran Maestro pg. 269, 270.)

Los pensamientos son el laboratorio que forman, dictan nuestros pasos a seguir. Las acciones son los resultados de nuestros pensamientos. Por lo tanto debemos evaluar qué tipo de pensamientos estamos creando para lograr acciones productivas. La mente es el laboratorio menos reconocido y estudiado. La indiferencia a esta verdad es cruel y grande. Dios despierte nuestra mente y sea esto reconocido.

Cada observación de vida, lectura de algún libro, sermón, música o circunstancia puede y va a influenciar en nuestro pensamiento, pensamiento que forma ideas, conceptos, filosofías y así un destino. Es de suma importancia que aprendamos a formar nuestros propios pensamientos, seamos originales y así nuestro destino buscado será singular y propio.

Pensamiento es una palabra muy poco estudiada y considerada como parte integral de los grandes eventos de la vida del hombre. En realidad los pensamientos son el origen de todo lo que existe en el mundo. Dios mismo pensó antes de crear al universo, todo lo que nuestros ojos ven en la tierra naturalmente Dios lo pensó y luego lo creó.

Este es el programa universal que 'todo' lo que ves inventado, realizado y creado en el mundo del hombre originó en el mundo síquico, en un abstracto y diminuto pensamiento. Con mucha razón se dijo, "Nosotros somos lo que pensamos. Todo lo que somos comienza con nuestros pensamientos. Con nuestros pensamientos, hacemos nuestro mundo." (El Buda.) Por lo tanto si deseamos vivir disciplinadamente, primero tenemos que disciplinar no nuestras acciones, hábitos sino la raíz de ellos que son todos nuestros pensamientos.

El pensamiento no solo es una palabra que debe estudiarse sino en mi universidad *es una ciencia que a todos les haría bien estudiar y lograr un doctorado en ella por experiencia.* Por lo tanto en cada vida dispuesta a mejorar y superar sus debilidades y tener el poder de crear entiende que, "La escoria de los principios y las prácticas dudosas, debe ser barrida. Él Señor quiere que la mente se renueve, y que el corazón sea lleno de los tesoros de verdad." (Mente Carácter y Personalidad pg. 37.) Renovarnos es el paso de cada logro inspirado en sueños, metas y verdaderos objetivos en la existencia. El poder de la renovación empieza en los pensamientos permitidos.

Una disciplina activa es por lo tanto un pensamiento disciplinado y firme. Lograrlo es en si un reto porque, "Pensar es el trabajo más duro que existe. Y por eso muy pocas personas lo realizan." (Henry Ford.) Es verdaderamente un trabajo y por ello debe volverse el pensar disciplinadamente un hábito buscado y constante.

Nada en la vida es gratis y pensar no es la excepción, si uno quiere algo debe buscarlo, uno debe entregarse a lo que desea con mucha disciplina. El pensamiento habitual y enfocado es el trabajo que logra que la conciencia despierte y mantenga despierta su posibilidad y potencial.

Somos responsables de lo que llegamos a ser, por lo tanto somos lo que elegimos. Escrito está que, "Es una ley de la mente que ésta se estreche o amplíe según las dimensiones de las cosas con que llega a familiarizarse." (Mensajes Para los Jóvenes pg.260.) Está en nuestro poder hacer que la mente se expanda, crezca y amplié con tan solo ponerla a pensar, requiere esfuerzo pero tiene grandes consecuencias por lo contrario perdemos tiempo en murmurar y quejarnos.

Pocos son los que saben del poder del pensamiento y por ello solo pocos son los líderes de empresas, iglesias y naciones exitosas que dejan un legado. Pocos son los millonarios, los políticos, ministros, empleados, ciudadanos destacados que han bendecido a la sociedad. Pocos son los inventores, pocos son los poetas y pocos son los soñadores con éxito que han producido para la humanidad. La razón del poco es que pocos han hecho del pensamiento inteligente un hábito aplicado.

Los hábitos no nacen, se hacen, se forma, se crían, se logran y entonces se expresan. Y por lo tanto se debe saber que, "Es una ley de la naturaleza que nuestros pensamientos y sentimientos resultan alentados y fortalecidos al darles expresión. Aunque las palabras expresan los pensamientos, éstos a su vez siguen a las palabras. Si diéramos más expresión a nuestra fe, si nos alegrásemos más de las bendiciones que sabemos que tenemos: la gran misericordia y el gran amor de Dios, tendríamos más fe y gozo." (Ministerio de Curación pg.195.)

La verdad es que pensar para convertirlo en un hábito requiere un grande y verdadero trabajo de nuestra parte y dedicarse a esa opción que ha hecho a grandes hombres y mujeres en toda la historia y en el mundo es un reto que pocos desean enfrentar. Entonces no negamos que, "Pensar es duro, lo sé, y pensar 'fuera de lo establecido' es más duro aun porque es como 'ir contra corrientes." (Raimon Samsó.)

Por lo tanto debemos primero apreciar *el pensamiento*. Y es de inteligentes aceptar *el poder* del pensamiento en la vida. Segundo capturar la verdad que engendra el pensamiento hace que uno logre un lenguaje de éxito en lo que se proponga. Tercero en la mente está la base y los recursos que se necesitan para logar el pensamiento que da fruto. Por lo tanto entandamos que pensar es natural pero pensar en grande es excepcional y por lo tanto "cuando el pensamiento y las palabras que lo expresan se empequeñecen, la realidad le siguen en su viaje hacia lo minúsculo." (Raimon Samsó.) Preguntamos entonces, ¿Dime cómo piensas?, y te diré que disciplina tienes. Dime de qué tamaño son tus pensamientos y te diré quién eres y a dónde llegarás.

La gran mayoría piensa pero nosotros no solo pensemos por pensar al azar, pensemos con objetivo, con meta, con visión para llegar a ser lo que queremos ser, lograr lo que deseamos lograr, y trabajar por lo que vivimos en el mundo del pensamiento porque siempre hay vida y potencial para lo que se piensa objetiva y concentradamente.

El hábito nace cuando una y otra vez nos sometemos a pensar. Debemos escuchar, "Id más abajo de la superficie; los más ricos tesoros del pensamiento están a la espera del estudiante hábil y diligente." (Mente Carácter y Personalidad tomo 1 pg. 104.) Repito el pensamiento con éxito es el que se ha sometido al hábito de pensar centrada y objetivamente.

Apliquemos que en el mundo del pensamiento con éxito es el que escucha que, "Primero hacemos nuestros hábitos, y después nuestros hábitos nos hacen a nosotros." (John Dryden.) Si logramos la disciplina de saber pensar y pensar bien entonces el formará el hábito de vivir bien, hacer bien las cosas y realizarlas con disciplina inteligente que lo que se propone en la vida es consciente de su alcance.

Esta habilidad de pensar disciplinadamente no es natural y por lo tanto se debe aprender, se logra:

- Buscándola voluntariamente.

- Debe dedicársele tiempo – cinco a diez minutos diarios a un pensamiento concreto.

- Es lo mismo que reflexionar en algo con sentido.

- No todos los momentos pueden ubicar su visita, se requiere disciplina.

- Las madrugas son geniales para ello o muy temprano. En la noche antes de cerrar el día también se le encuentra.

- La meditación no tiene límite en esta disciplina mental.

- Esta manera disciplinada de pensar requiere la aplicación del enfoque.

- Las preguntas son buenas maneras de iniciar su presencia.

- Preguntas como, ¿Qué más hay en esto? ¿Qué lección hay en esta situación? ¿Por qué me pasó esto, aquello? ¿Wow que libro? Etc…

- La naturaleza llega a ser un libro de texto.

- La vida, experiencia, lecturas y vicisitudes diarias son laboratorios que inspiran el buen pensar y así las buenas disciplinas en la vida y objetivos de la vida.

El fin del discurso es que se, "Llega a ser fuerte por medio del pensamiento concentrado." (Elena de White.)

Las Elecciones
9

El poder de elegir está en cada ser humano y es nuestro deber encontrarlo y ejercerlo. Haciendo conciencia de esto lograremos avanzar a nuevas oportunidades, metas y fronteras solo soñadas hasta ahora. Haríamos bien en analizar que después de buenos pensamientos y enfocados vienen nuestras elecciones pues ellas son las responsables de tenernos donde estamos hoy o llevarnos a donde deseamos.

El poder de la elección es la manifestación de libertad más sublime del cielo. El hombre no es un robot, no es la estampa de otro humano. La humanidad tiene en si la fuente de su destino. Su destino es su pensamiento, es su deseo manifestado en lo que elija. Lo sepa o no, lo acepte o no, le gustó o no esa es la verdad. Reconocer esto nos liberaría de tanta culpabilidad, reproche y responsabilidades asignadas a personas a ajenas a nuestra realidad y poder de elección manifestado conscientes o inconscientes en toda nuestra vida.

Desde que la conciencia nos hace conscientes el destino empieza con nosotros, es nuestro. Por lo tanto poder ser una persona disciplinada no es un milagro sino una elección que uno hace con plena conciencia y elección propia. Esa verdad reconocida traerá un nuevo amanecer en nuestra vida y las oportunidades de ser y tener estarán a la puerta de nuestras elecciones.

Las siguientes palabras me han impactado tanto en mi vida que todavía la sigo analizando y aplicando la comporto con ustedes. "Cada ser humano, creado a la imagen de Dios, *está dotado de una facultad semejante a la del Creador*: la individualidad, la facultad de pensar y hacer. Los hombres en quienes se desarrolla esta facultad son los que llevan responsabilidades, los que dirigen empresas, los que influyen sobre el carácter." (La Educación pg. 17.)

El Creador que yo conozco nos ha hecho únicos, especiales y libres. Sépase, entiéndase y acéptese que, "Dios nos ha dado la facultad de elección; a nosotros nos toca ejercitarla." (La

Temperancia pg. 100.) Entender esto es encontrar un gran tesoro en días de pobreza. Es luz en las tinieblas de nuestras murmuraciones, es la esperanza en la tristeza, es agua en un día falto de agua.

Libertad más grande que el mismo cielo dio al hombre es el poder de la elección. La elección es un poder que el hombre tiene y llega a existir o florece como una capacidad que el hombre puede tener y debe tener para ver resultados, pero ella no crece sola, se desarrolla. Pero como siempre la verdad es que solo los pocos la conocen y aplican y mi deseo es que tú seas de los pocos que le han sacado el máximo provecho.

En este mundo de posibilidades y oportunidades es inherente al poder de la mente, voluntad y decisión. La elección es un poder que Dios ha puesto en nosotros para escoger por nosotros mismos el camino, la verdad o para poder poner en acción la decisión tomada. Consciente o inconscientemente ella siempre está en acción, porque si no elegimos nosotros, otros lo harán por nosotros.

Tiene un poder maravilloso como desastroso pues sus consecuencias se ven tarde que temprano en la vida, en el carácter, en el los resultados de nuestra educación, consecuencias en el hogar, el matrimonio y básicamente fue en el pasado una elección propia lo que uno es en el presente. El hoy dice todo lo que elegimos ayer – es la libertad siempre activa, es el poder que regirá nuestro mañana.

Lo más poderoso es que no te mata ni condena a una ley inquebrantable sino que si no te gusta tu manera de ser hoy te da la oportunidad de elegir, cambiar y de igual manera sus resultados se dejarán ver. Pero si no lo hacemos algo más intervendrá y las desgracias y disgustos que es común en la vida de la mayoría de la gente seguirá siendo tu platillo favorito.

Esta capacidad aprendida *y obtenida es un tesoro en todo hombre* que pocos son los que lo saben pero allí está. Es un tesoro porque ella tiene el poder de darnos oportunidades que habíamos solo pensado o buscado, ella nos da visión, ella nos ayuda a empezar otro sendero con mejores resultados, ella es una de las sublimes riquezas que ha transformado y hecho a grandes hombres y mujeres en el mundo pasado, actual y seguirán produciendo en el futuro. Quienes saben elegir son los que influencian al mundo para bien o mal.

Elena de White hablando del poder que tiene el saber elegir comentó: "Todo estudiante necesita comprender la relación que existe entre la vida sencilla y el pensamiento elevado. A nosotros nos toca decidir individualmente si nuestras vidas han de ser regidas por la mente o por el cuerpo. Cada joven por sí mismo debe hacer la decisión que amoldará su vida, y no se deberían ahorrar energías para hacerle comprender las fuerzas con las cuales tendrá que contender y las influencias que modelan el carácter y determinan el destino." (Mente Carácter y Personalidad tomo 1 pg. 77,78.)

No está en años de escuela, en libros, ni lejos, está en nosotros mismos este gran poder. "Tú verás que los males de los hombres son fruto de su elección; y que la fuente del bien la buscan lejos, cuando la llevan dentro de su corazón." (Pitágoras de Samos.) Después de Dios todo comienza, radica y termina en nosotros mismo.

Es un tesoro que no cuesta nada en dinero su única petición es que se busque, encuentre y utilice. Es un recurso natural en todo hombre. Que perdida será el que pasemos esta vida y no seamos el resultado de nuestras propias elecciones. Debemos enojarnos con nosotros mismos, cansarnos con nuestra vida presente e imbuirnos en nuevas formas de pensar, elegir y para gozar de una vida al gusto de uno y no de los conceptos ajenos.

Esta habilidad es la que hace la gran diferencia entre triunfador y observador, ella determina el éxito de los que reconocen su existencia. Ella es la diferencia, es la que interrumpe, enfoca, determina, aplica, se retracta, reconsidera o implementa porque así lo eligió el dueño en cualquier pensamiento, cosa o evento. Tu éxito o fracaso en todo, repito en todo depende de ella elegida por ti mismo. "Es necesario correr riesgos, seguir ciertos caminos y abandonar otros. Nadie es capaz de elegir sin miedo." (Paulo Coelho.) Dejemos esos paradigmas que nos tienen amarrados y seamos libres con lo que nosotros ambicionemos. De esto depende el éxito de cualquier disciplina, *saber elegir*.

En esta milla de la vida el ser humano logra demostrar la destreza de su sabiduría no solo en elegir lo que quiere, lo que desea, lo que piensa del futuro, sino su eternidad misma. Son millones los que no saben que existe este poder a su favor. Esta es la razón porqué muchos son el cerebro de otros. Esta es la razón porqué muchos son solo humanos, no tienen poder para producir resultados con valor, principios y amor porque nunca lo eligieron, nunca supiero o nunca quisieron, otros el miedo les domino y destruyo. Grabemos en mente que: "Cada elección que haces tiene un resultado final" (Zig Ziglar.) Y qué mejor que sea el saber elegir por uno mismo.

Aquí también fracasa indiscutiblemente el observador, el que solo ve, solo piensa, solo sueña y luego sigue observando y como resultado no llega a nada o es el resultado de lo que los demás piensan o desean. Son las mejores víctimas de los anuncios de TV, revistas, políticas equivocadas del gobierno, de instrucciones religiosas y aun hombres y mujeres con malos deseos y planes. *Tener conocimiento, pensar, tener deseos o ideas de nada sirve si no vamos a elegir por nosotros mismos.* Esto solo nos vuelve pensadores y observadores estancados. ¡Que desgracia! Dejemos de ser voluntariamente víctimas y formemos nuestro propio concepto, mundo y misión de vida. En otras palabras si elegimos por nosotros mismos podemos elegir ser felices, exitosos, positivos, prósperos, saludables, propia familia, amistades, propia economía y porque no nuestra propia empresa, libro, música, dieta, religión, propuestas, estilo de vida.

En verdad el hombre tiene en su mano el poder de realizar la diferencia, el poder de empezar una nueva vida, del cambio todo está en el poder de la elección. "No hay mejor medida de lo que una persona es que lo que hace cuando tiene completa libertad de elegir." (William Bulger.) Al final no somos medidos por la universidad que asistimos o religión que profesamos ni por la familia quien nos tocó vivir sino por la manera en que elegimos en la vida. ¿Estas satisfecho con tus elecciones, con tu estilo de vida? Hoy tienes el poder de cambiar o mejorar pero tú eres el responsable.

El poder de elección tiene buen lugar de nacimiento donde hay desconformidad, desconformidad con la vida, con el estado presente del carácter, economía, familia, cualquier cosa que disgusta es uno de los mejores lugares para su engendramiento pues allí está el campo para poder verla jugar, tomar decisión al elegir. Se dijo: "No puedes evitar el dolor, pero puedes elegir superarlo." (Paulo Coelho.)

En el libro (Mente Carácter y Personalidad tomo 1 pg. 74.) encontramos el siguiente comentario oportuno para nosotros: "La mente debe ser adiestrada por medio de pruebas diarias hasta lograr hábitos de fidelidad, hasta obtener un sentido de las exigencias de lo recto y del deber por sobre las inclinaciones y los placeres. Las mentes así educadas no vacilarán entre lo correcto y lo equivocado, como si fuera una caña mecida por el viento; pero tan pronto como el problema se presenta ante ellas, descubren de inmediato el principio que está involucrado, e instintivamente eligen lo correcto sin debatir largamente el asunto. Son leales porque se han adiestrado por medio de hábitos de fidelidad y de verdad."

Allí en los momentos de disgusto el poder de elección puede florecer si en lugar de murmurar y quejarnos decidimos "elegir" educando nuestra mente a algo diferente, algo nuevo y con alas para volar a lo que queremos Sabiendo que; "Si buscas resultados distintos, no hagas siempre lo mismo." (Albert Einstein.) Hagamos cosas diferentes para tener resultados nuevos usando el poder de la elección.

Preguntas que te pueden ayudar:

Toda disciplina puede gozarse sus comienzos si elegimos y si nos cuesta iniciarla entonces provoquémosla con preguntas como, ¿Te gusta tu vida actual? ¿Estás contento con tu carácter? ¿Eres feliz con lo que tienes en tu familia y hogar? ¿Amas tu trabajo? ¿Tienes lo que quieres en la vida? ¿Tus principios y valores se ven en tu vida? ¿Hay congruencia en todo lo que dices con lo que haces? Tu respuesta son tus decisiones, tus respuestas pueden abrirte otro camino, tus respuestas son tu futuro o un futuro nuevo. Las preguntas son llaves que abren caminos desconocidos hasta que despiertes con más preguntas.

Nadie puede pasar en esta vida sin experimentar la capacidad de elegir pues he visto por experiencia propia toda de una u otra manera experimentamos la elección. Unos lo saben y otros lo ignoran pero la verdad es que todos lo vivimos en la vida. Lo dijo (Williams James,) "Cuando debes hacer una elección y no la haces, esto es ya una elección." Fuimos creados para elegir y ser.

Sépase que "La esclavitud es un estado de la mente que no puede reconocer el esclavo." (Gerry Spence.) Así que el poder de elegir no está en las circunstancias, crisis, problemas sino en tu propia mente. Tú tienes el poder de elegir o seguir donde estás. La elección siempre está lista y solo espera por un administrador, gobernador, director y ese eres tú.

Por lo tanto el poder de la elección es la red que agarra muchos peces y guarda el que gusta y quiere. "Manda el que puede y obedece el que quiere." (Alessandro Manzoni.) Esta ley trabaja solo para aquellos que desean ser algo en la vida, es para aquellos que si no saben eligen, aprenden, buscan información, se preparan para lo que quieren en la vida. Son estudiantes diligentes en la vida. Desaprueban la ignorancia y se establecen en la plataforma de la información para siempre realizar sabias elecciones.

(Henrik Johan Ibsen) nos dijo: "Pueden prohibirme seguir mi camino, pueden intentar forzar mi voluntad. Pero no pueden impedirme que, en el fondo de mi alma, elija a una o a otra." - El poder de la elección está en todo ser humano y nada lo puede matar. "El futuro tiene muchos nombres. Para los débiles es lo inalcanzable. Para los temerosos, lo desconocido. Para los valientes es la oportunidad." (Víctor Hugo.)

Por lo tanto el que no sabe elegir no sabe poner en acción sus pensamientos que equivale a ignorancia, a algo nulo por él o ella misma y lo más triste es que allí se va un destino que pudo haber tenido. Aprendamos a reconocer el poder de la elección y busquemos elegir sabiamente ese será el camino de un futuro buscado no impuesto. Ninguna disciplina triunfa sin ese ingrediente del elegir correctamente.

La historia nos cuenta que una mujer en siglos atrás pierde a su esposo, mas tarde a dos hijos. Se queda sola, sin medios para seguir viviendo y con dos nueras. Las desgracias la abrumaron y decidió regresar a su País de nacimiento. Le dio a sus nueras la oportunidad de elegir retirarse a su gusto, a donde ellas quisieran y una de ellas lo hizo así y allí terminó la historia de ella. La otra utilizó el poder de la elección correctamente y eligió dejar a su familia, su país, sus costumbres, sus oportunidades que la misma suegra le estaba permitiendo.

Ese día insignificante para la otra nuera, ese día común de la vida para esta suegra llamada Noemí, la nuera estaba eligiendo su futuro, su destino. Esa simple elección de seguir a su suegra se amplifica con sus palabras al expresar, "Pero Rut respondió: "No me ruegues que te deje, y me aparte de ti; porque dondequiera que tú vayas, iré yo; y dondequiera que vivas, viviré. Tu pueblo será mi pueblo, y tu Dios mi Dios." (Rut 1:16.)

Ese moabita, esta mujer que supo elegir, que se aventuró a una vida que por experiencia ya le había ido mal, abrió un nuevo camino para su familia. Ella dijo hasta aquí y se sometió a esta nueva oportunidad. Le recibe un nuevo País, encuentra un nuevo esposo muy rico, y llega a tener el gran privilegio ser la abuelita del gran rey David, la tatarabuelita del hombre más sabio de la tierra el rey Salomón y la raíz y linaje de Jesucristo el Salvador del mundo, el hijo de Dios. (Mateo 1:1-17.)

Las elecciones nuestras marcan nuestro sendero, señalan el futuro y empiezan un destino escogido por uno mismo. No escatimemos nuestras elecciones diarias serán las responsables de nuestra vida, visión y futuro. Quien entiende y aplica esto triunfa.

Las Decisiones
10

El libro antiguo nos dice que; "¡Muchos pueblos *en el valle de la decisión*! Porque cerca está el día del Eterno *en el valle de la decisión.*" (Joel 3:14.) El poder mencionarlo dos veces demuestra su importancia en el desarrollo de las posibilidades de la humanidad. Está al acceso de todos y se vive en algún momento de nuestra existencia pues es otra ley universal que tarde que temprano visita. En el tema de la disciplina tomar decisiones es fundamental como lo es elegir. Elegir es una cosa, tomar decisiones es otro usando aunque relacionado.

En el mundo del éxito podremos pensar y usar nuestra mente y llenarla de pensamientos positivos, habremos hecho nuestras elecciones, establecido planes, metas y objetivos en mente, en papel en algún lugar de notas pero nada de nada podrá entrar en el mundo de acción, no podrá ser engendrada la realidad de un pensamiento si no la bautizamos en el poder de la decisión. La decisión de empezar, ponerlo en acción y lograr lo que hemos pensado y elegido es crucial porque allí se estacionan muchos eligen pero no toman la decisión de implementarlo.

He analizado y examinando este punto con suficiente tiempo y veo e insisto que en algún momento de nuestra vida se debe pasar en esta estación de experiencia, el problema es que unos lo reconocen y otros ni cuenta se dan. La ignorancia es cruel y sabe cobrar sin pedir permiso. Es de importancia sin paralelo que prestemos atención a esta verdad – el poder que tiene la decisión en el mundo de la disciplina es fenomenal.

Llegar a ser grande y capaz en todo requiere una disposición de lo síquico, físico y espiritual. Los resultados reclaman personas que provean su todo, que se sometan a una disciplina de hierro, fuerte, irrevocable, algo que sea consistente y estable. Se dijo ya que una persona que tiene, "Una disciplina decidida en la causa del Señor realizará más que la elocuencia y los talentos más brillantes." (Mente Carácter y Personalidad tomo 1 pg. 105.)

Compréndase que la decisión existe y vive entre el pensamiento – la mente y la acción – la voluntad. La decisión es el comienzo a activar todo lo demás. Todos tenemos mente, voluntad y poder de elegir pero en muchos casos no hay acción porque no se toma la decisión de hacerlo en este sentido solo pensamos y elegimos. Pero entiéndase que la decisión no te busca, debes buscarla, no te usa, *debes usarla pues sin ella no se puede impulsar la acción*. Por lo contrario, "Gran daño se hace por la falta de firmeza y decisión." (Conducción del Niño pg. 266.)

En si la decisión es el puente que hace posible una idea, es lo que hace que la voluntad tenga vida, ella es la responsable que se engendre vida en todas las cosas pensadas, planeadas y deseadas. Sean ellas buenas o malas todos deben pasar en el valle de la decisión.

Es poderoso el espacio entre idea, lo ya elegido y acción. Este espacio se le da muy poca atención y por ello hay muchos soñadores, pensadores, moralistas y eso es todo, no hay acción, no voluntad en fuego porque no se usa el poder de la decisión. La decisión es la verdad que protege, verdaderamente guarda y prospera un pensamiento, aspiración y sobre todo en el mundo de la disciplina, es imprescindible en la gestión de una vida verdaderamente sometida a realidades buscadas.

Así entonces el primer paso de una idea, de un pensamiento y una elección es la decisión. Si queremos lograr metas, ver logros y gozar resultados debemos dar los primeros pasos en la vida de ello – la decisión, las decisiones son los pasos a vivir. "Pocos males deben ser más temidos que la indolencia y la falta de propósito." (Mente Carácter y Personalidad tomo1 pg. 352.) Decidamos estar siempre *en pro* de lo que vale la pena vivir, organizarse y vencer o lo contrario es lo que siempre nos destruye.

Después de pensar nada tiene futuro, nada empieza, nada se engendra si este primer paso no se da. Debe empezar el sendero del éxito con un paso voluntario los demás vendrán y dependen solo de ti. Así que si hay decisión hay posibilidad y futuro. "No pido senderos suaves, pero sí suplico a mi Padre celestial que me aumente la fe, que pueda superar toda dificultad posible. Él puede darnos el Consolador y está dispuesto a darlo; pero debemos tener firmeza *y decisión*, manteniendo, en todas las circunstancias, una integridad y confianza cristianas puras..." (A Fin de Conocerle pg. 172.)

La decisión es el primer apretón de gas al carro de la vida. Decimos que la voluntad es el gas que te lleva a donde tú quieras pero ello no funciona si no decides pisar ese acelerador. Aunque el concepto de la decisión suena tan insignificante su proceso y ejecución como sus resultados son grandiosos, juega un papel de la más alta categoría. Es en si el primer paso en cualquier disciplina de la vida.

La decisión es pues *"el permiso y arranque"* de todo en la existencia de cualquier ser humano. Dicho de otra forma se diría: "Llega un momento en los asuntos de los hombres en que hay que coger el toro por los cuernos y enfrentarse a la situación." (W. C. Fields.) Este punto es interesante en términos síquicos pues la verdad es que en la vida tenemos el poder de decidir, empezar y hacer pero lo irónico es que si uno no lo hace otro o algo lo hará por nosotros y al final vivimos la decisión de alguien o de circunstancias no buscadas pero aceptadas. Tomemos las cosas por los cuernos - tal y como son, que siempre nuestra conciencia pueda actuar bajo esta verdad.

"...Pero tendrán que actuar con principios como nunca antes lo han hecho. Esparzan la semilla de la verdad a manos llenas. Siembren junto a todas las aguas. No tengan límites prescriptos que no pasarán, antes bien trabajen con todos los poderes que Dios les ha dado. Entonces la gente los conocerá como personas que creen en la verdad y para quienes ésta es una realidad. *Que su fe no falle. Hagan que su mente llegue a la decisión de liberarse de toda pereza e inacción. . .* Aférrense con firmeza. No dejen medio alguno sin probar. Trabajen, velen y oren. Caminen humildemente con Dios." (Alza tus Ojos pg. 16.)

Todos lo que viven esta vida y se envuelven nunca fracasan solo aprenden de sus errores, la sabiduría tiene vida en cada decisión tomada pues ella no solo cambia el rumbo de pensamiento, de acción sino que tiene un efecto en toda la existencia del individuo. *Lo que hoy somos es un número de decisiones conscientes o inconscientes del pasado.* Y esto es una ley que nadie puede cambiar. Tu conocimiento, carácter y posesiones en todo sentido fueron y son los resultados de tus decisiones.

Lo que será el mundo del mañana no depende del gobierno, de la universidad ni tus padres sino de ti mismo. El poder del verdadero cambio está en nosotros, solo en nosotros utilizando el poder de la decisión y nadie más. Una de las *facultades* grandes que el cielo nos ha otorgado es este poder – el poder de la decisión. Se escribió que, "El deber de cada obrero no consiste solamente en poner su fuerza en lo que hace, sino además su mente y su pensamiento... *Podéis estereotiparos en una conducta equivocada por carecer de decisión para reformaros,* o bien podéis cultivar vuestras facultades para prestar el mejor de los servicios, y así ser buscados por todos y en todas partes. Así os apreciarán por lo que valéis. "Todo lo que te viniere a la mano para hacer hazlo según tus fuerzas" (Ecl.9:10.) "En lo que requiere diligencia, no perezosos; fervientes en espíritu, sirviendo al Señor" (Rom. 12: 11)." (A Fin de Conocerle pg. 335.)

Todo el que quiera vivir disciplinadamente y ser alguien mejor tiene que aprender a decidirlo. Deseas casarte tienes que decidirte a ello. Quieres ser salvo en Cristo tienes que tomar la decisión de aceptar la salvación. Quieres ser educado y capaz tienes que decidirlo, no hay otro camino. Quieres dejar huellas en esta vida para bien debes decidirlo. Quieres bajar de peso tienes que decidirlo hacer. Todo, todo en la vida involucra una decisión, ser malo, ser bueno, ser inteligente, ser rico, ser pobre, ser algo es el resultado de una decisión consciente o inconsciente en la vida de todo ser humano.

El cambio entonces está en nuestra mente, está en nuestras manos, el cambio en evolución está en nuestro poder y debemos usarlo para nuestro bien, éxito y prosperidad si somos lo suficientemente inteligentes. En ese poder de la decisión entiéndase que la prosperidad se presenta en todo sentido de la palabra. *Prosperidad espiritual, moral, física y económica depende mucho de ser personas decididas.* La dimensión, el poder y capacidad que tiene la decisión vale la pena conocerla y utilizarla nos hará diferentes, eficientes, prósperos y excelentes en todo.

Por lo tanto el éxito o fracaso es nuestra propia decisión. Hemos visto que todos tenemos la bendición de poder decidir pero si no lo hacemos no quiere decir que no viviremos por decisiones, lo haremos solo que serán de otros. El mensaje entonces que la vida disciplinada requiere es decidir, decidir inmediatamente e inteligentemente. "En la lucha cristiana se necesitan vida espiritual, valor, constancia y decisión... Sed fuertes en el Señor." (Alza tus Ojos pg. 127.)

Acéptese que el inicio de todo, en este contexto toda disciplina es la decisión y tiene una fuente de poder, un nuevo paradigma que lleva a lugares increíbles, como a lugares des creíbles, es una realidad que, "El mundo entero se aparta cuando ve pasar a un hombre que sabe adónde va." – (Antoine de Saint-Exupery) *(1900-1944) Escritor francés*. Así de poderosa es esta ley de la decisión.

El poder de esta bendición es que ella *debe usarse constantemente en todo* y ella nos llevará a comprender que debemos mantenernos bajo el poder de la determinación o alguien más lo hará a su manera y la verdad es que eso es lo que ocurre con nuestro mundo hoy, somos al fin el resultado de decisiones nuestras o de otros. No hay escapatoria porque así está hecho nuestro universo. Todo es el resultado de una decisión ya sea fuerzas sobrenaturales o seres humanos que ya lo hicieron por nosotros.

Tú decides tu destino, tu futuro hasta donde está a tu alcance, pero la verdad es que si no lo haces ya lo hicieron otros por medio de la televisión, noticias, libros, películas, escuela o las ideas, palabras y vida de otros. Que desgracias y pérdida de recursos si nosotros mismos no lo vemos y hacemos, elegir y decidir nuestra propia forma de vida.

Aquí viene la razón porque muchos se quedan atrás en esta materia, *las decisiones envuelven responsabilidad* y eso es lo que ha hecho a muchos olvidarse de sus oportunidades en la vida. Esta es la razón porque mucha gente fracasa porque no entiende que las decisiones en la vida tienen su precio y ella es la gran responsabilidad de cuidarlas, de efectuarlas, de realizarlas y darles todo lo que necesitan para su éxito, de otra manera de todos modos hay una decisión pero no él o ella sino el o lo que finalmente le influencia.

Este tipo de responsabilidad, la de decidir es algo extraño en los hombres y mujeres de esta generación. Pocos son los que saben decidir con inteligencia y hoy es el día de hacerlo si no otros lo harán por ti. Envolvámonos en este poder nos dará una vida nueva, un nuevo camino y la gran posibilidad de llegar a un horizonte que hasta ahora es nuevo pero que otros ya alcanzaron – la excelencia humana. "En el pasado, Dios ha librado a su pueblo, y Él será nuestro ayudador si nos levantamos en su fortaleza y avanzamos con decisión." (A Fin de Conocerle pg. 344.)

Las decisiones siempre están bajo la ley de *'causa y efecto'*, independientemente de haberlo buscado o no, las decisiones tienen el poder de producir un resultado, un resultado buscado y uno no buscado pero allí esta injertado en el vivir diario. "Nuestros actos, nuestras palabras, hasta nuestros más secretos motivos, todo tiene su peso en la decisión de nuestro destino para dicha o desdicha. Podremos olvidarlos, pero no por eso dejarán de testificar en nuestro favor o contra nosotros." (Conflicto de los Siglos pg. 540, 541.)

Lo más poderoso de esto es saber lo que uno quiere pues en acción la decisión correcta dará los resultados deseados y es en este sentido que lo tenemos como un amigo pero por lo contrario se vuelve un enemigo porque las decisiones están activas si no por nosotros por otros y he allí tu desgracia pues las tienes que vivir. Honestamente no recomiendo la decisión como enemigo casi siempre destruye tu carácter, tu personalidad y dejas de tener una propia mente e inconscientemente te vuelves un robot de otros.

La decisión cuando no tiene dirección puede describirse así: ***"Mala cosa es tener un lobo cogido por las orejas, pues no sabes cómo soltarlo ni cómo continuar aguantándolo."*** (Publio Terencio Afer.) *(195 AC-159 AC) Autor cómico latino.* Si tienes un buen pensamiento surgirá una buena idea. Si logras una buena idea tendrás una posibilidad de utilizar la decisión y será irresistible, si no lo haces cuidado con ese lobo porque te comerá.

En la cadena del éxito debe no solo saberse que tenemos una fuente de poder personal, un arsenal de poder a nuestro favor que no cuesta ni un centavo – el poder de la decisión que cambia todo es gratis. Debemos saber también que para poderse activar la fuerza de voluntad debe primero entenderse el poder de la decisión, la decisión es el puente entre la idea y la acción, entre la acción y la fuerza de voluntad. Es el poder que engendra cualquier disciplina deseada.

"Todos los días *Dios nos da un momento en que es posible cambiar todo lo que nos hace infelices.* El instante mágico es el momento en que un sí o un no pueden cambiar toda nuestra existencia." (Paulo Coelho) *(1947-?) Escritor brasileño.* Amigos no podemos escapar de ello. Todos tenemos estas grandes oportunidades de ir más arriba o nos desprenderemos de lo ya alcanzado.

"A veces, los diversos caminos y propósitos, los diferentes modos de actuar en relación con la obra de Dios, casi pesan con igual fuerza en la mente; y en este punto es cuando se necesita el discernimiento más sutil. Si algo se ha de lograr, debe hacerse en el momento oportuno. La menor inclinación de peso en la balanza debe ser vista y determinarse el asunto en seguida. Las largas demoras cansan a los ángeles. Es más excusable tomar a veces una decisión errónea que estar de continuo en una posición vacilante, inclinados a ratos en una dirección, luego en otra. Ocasionan más perplejidad y abatimiento la vacilación y la duda que el obrar a veces con demasiada premura." (Obreros Evangélicos pg. 140.)

Gente madura llega a entender que las decisiones inteligentes se dan, se hacen, llegan a existir por lo que se sabe, por lo que se quiere, por lo que se sueña y no por las circunstancias o eventos a favor o en contra, así hacen de la decisión un amigo. La decisión como enemigo es: "El hombre que pretende verlo todo con claridad antes de decidir nunca decide. (Henry F. Amiel) *(1821-1881) Escritor suizo.* Este tipo de personas nunca llegan lejos, no se producen, no tienen metas y solo ven y murmuran al que está en la cima de sus deseos.

Por lo tanto la disciplina de la vida es una ley universal que como último recurso busca nuestra reforma, reavivamiento, hacernos conscientes y nos presenta las oportunidades más grandiosas entendiendo que es una ley universal, un principio Bíblico, que está todo en nuestras mano simbólicamente, *todo empieza en la mente con un solo pensamiento, pone en acción los pensamientos bajo sabias elecciones, decidiendo sembrar cada disciplina que nos transforme y lleve a un destino de sabiduría, éxito y victoria si así lo decidimos ahora.*

Por lo contrario la misma ley de la disciplina de la vida nos permitirá fracasar, tropezar y morir en esa confusión por no haberla entendido, aceptada y aplicarla como lo han hecho los grandes en esta tierra. Que bendición y madurez envidiable es la de aquel que ha comprendido que toda disciplina ya sea buscada y elegida o impuesta por la vida es una semilla que sembrada por la decisión da frutos correspondientes.

Le dijeron que fuera a la iglesia Católica, sus maestros le dijeron que si no llegaba a la Universidad no sería nadie. Sus compañeros lo trataron como si fuera un tonto. La actitud de la gente hacia él era como si nunca tendría éxito.

Cuando empezó un negocio todos se rieron de él, un oficial vecino de su casa le dijo que por estar limitado con no saber el inglés bien nadie le importaría conocerlo. Escribió su primer libro y no quisieron publicarlo. En 1986 le dio apoplejía que le paralizó por completo el lado derecho de su cuerpo, varios médicos le dijeron que estaría confinado a una silla de ruedas por el resto de su vida. Cuando cortejaba con la que ahora es su esposa ella y él supieron por su médico que ella no podría tener hijos.

Toda estas experiencias llegaban como agua fría sobre su vida, pero este hombre *decidió desde muy temprano buscar ser alguien* y en sus palabras nos dice, "Cada vez que esas personas me decían esas cosas me herían tremendamente, pero yo sonreía y trataba de no hacer caso de las ofensas. Siempre oraba con respecto a todo eso, pero interiormente me decía a mí mismo, "te tragarás esas palabras".

Su decisión de no dejarse afectar y de ser lo que él quería y soñaba lo llevó a realizar una de las más grandes:

- Cartera de clientes en la empresa Amway,
- Escritor de libros con grandes ventas.
- Llegó a tener más de 6 hijos y muchos nietos.

- Se ha reunido con varios presidentes, y ha estado en la Casa Blanca varias veces.
- Se ha encontrado con artistas famosos.
- Tiene alcance mundial en la empresa distribuidora Amway.
- Casi supera el problema de parálisis. Su nombre es Dexter Yager.

El poder de la decisión a cada paso sí que sabe pagar. El mensaje es como se tituló su primer libro, que dice. "No dejes que nadie te robe tu sueño', por (Dexter Yager.)

Escalones a La Disciplina Permanente
11

"Nuestra naturaleza necesita disciplina." (Dios Nos Cuida pg. 298.)

Establece un orden:

La disciplina establece un orden dando inicio a todo lo que se desea y planea. Este orden es el poder que pone todo en su lugar antes de ponerlo en moción buscando resultados. "Nada es más dañino para el ejército qué olvidarse de la disciplina; porque la disciplina, más que los números, le da a un ejército la superioridad sobre el otro." (George Washington.) El orden es la ley por la que lo demás obrará y ejecutará lo buscado. Por lo tanto la disciplina es una fuerza con leyes, principios y mandatos que son universales y prestos para todo el que quiere en verdad algo.

La disciplina en realidad invita a que se *organice el ser humano antes de aventurarse* a un destino buscado. Una persona que reconoció el poder de la disciplina sabe que, "La única disciplina que dura es la autodisciplina." (Bum Phillips.) Aquella que está convertida a un objetivo y organizada hacia él es el que de seguro empieza y tiene una gran posibilidad de llegar a su meta.

Tenemos como ejemplos al escritor David Allen. Uno de sus libros se llama 'Organízate con Eficacia.' Pero lograr escribir un libro sobre la importancia de ser una persona de orden, lograrlo sin estrés y eficazmente como él lo dice en su libro es en sí un arte, logro que poquísimos logran. Pero como abogamos en este libro nada es casualidad, todo tiene su tiempo y lugar y sobre todo es el resultado de sembrar las correctas semillas, sus pensamientos, elecciones y decisiones aplicadas.

En la vida todo tiene un proceso y según sus propias declaraciones, David Allen tuvo treinta y cinco profesiones antes de cumplir los treinta y cinco años, *dedicándose después al estudio de la productividad de las empresas y al entrenamiento de ejecutivos.* Sus logros después de los 35 años de edad no son el resultado de un milagro sino el resultado de su disciplina buscada y aplicada, la búsqueda de algo mejor lo ha conducido a algo mucho más y súper excelente.

¿Cómo lograrlo?, en sus propias palabras. "Los métodos que presento a continuación se basan en dos objetivos clave: 1 *Capturar todas las cosas que necesitan hacerse* – ahora, después, algún día, grandes, pequeñas o medianas, - *para ser colocadas en un sistema lógico y confiable* ubicado fuera de la cabeza y de la mente; y 2 *Adquirir la disciplina para tomar las decisiones 'de entrada' de lo referente a todos los asuntos de su vida,* de modo que siempre tenga un plan para 'acciones siguientes' que pueda poner en funcionamiento o reconsiderar en cualquier momento." de sus libro 'Organízate con Eficacia' (David Allen pg. 22.)

Tres cosas en estas líneas de David Allen que dejan huellas a seguir:

- Si deseamos éxito en lo que sea, debemos *capturar* todas las cosas que necesitan hacerse.

- Si deseamos éxito, debemos *establecer un sistema*, orden, organización para su logro.

- Si deseamos éxito, debemos *adquirir una disciplina para tomar las decisiones* 'de entrada' de lo referente a todos los asuntos de la vida.

Amigos, el éxito de la disciplina va acompañado de objetividad, orden, agenda y decisión es algo que se busca y da los resultados si nos sometemos a ello fielmente y empeñados de lograr lo que deseamos.

La disciplina no nace del azar, tiene leyes:

Un ser humano exitoso es un hombre bajo leyes congruentes a la cosecha deseada. En otras palabras sus actos son basados en leyes universales y de ellas saca, forma las reglas que él mismo impone para el progreso de sus ideas, planes y deseos.

Entonces dicho de otra manera una vida disciplinada tiene que ser regida por leyes bien definidas y aplicadas constantemente. Por eso el primer presidente de EE. UU. George Washington expreso: "Disciplina es el arma del ejército. Hace a los pequeños grupos formidables, procura el éxito de los débiles, y la admiración para todos." Solo alguien con experiencia puede libremente exponer el potencial de lo que es la disciplina y sus resultados.

Napoleón Hill es uno de los grandes escritos que demuestra esta verdad de las disciplinas con éxito y dice que están basadas en leyes y quien tuvo la gran oportunidad de su vida de entrevistar al industrial Andrew Carnegie en 1908 mientras era un periodista. El millonario Carnegie quien era no solo el hombre más rico del mundo en aquella época, sino el segundo hombre más rico que la humanidad haya conocido jamás, después del gran John D. Rockefeller.

En la relación que empezaron después de esa primera entrevista Andrew Carnegie le reveló al joven Napoleón Hill que era posible identificar en hombres exitosos características que podrían ser puestas en práctica por el hombre común: o sea, descubrir una especie de fórmula para el triunfo: una selección de virtudes, que si llegaban a estar reunidas en una sola personalidad garantizarían el completo éxito de tal individuo.

Andrew Carnegie le sugirió al muchacho Napoleón Hill que elaborara un curso. Que demostrara esta posibilidad. Uno de los grandes personajes que este joven entrevistó y de quien aprendió principios, valores y leyes que dan el éxito fue a Henry Ford incluyendo también a más de 100 personajes que habían alcanzado el éxito en su tiempo.

Napoleón Hill dedicó alrededor de veinte años de su vida, apiñando, archivando, experimentando y organizando esas leyes que pudieron darle la bendición del éxito a tantos hombres de su tiempo y siguen bendiciendo a hombres y mujeres en nuestras generaciones pues están basadas en leyes aplicables a todo tiempo y universalmente disponibles para el más pobre e ignorante de esta tierra. Le recomiendo que lea todos sus libros y especialmente el que se llama, 'Las leyes del Éxito.'

Las reglas:

De toda ley salen las reglas, los mandatos, las directrices que forjan resultados no imaginados sino establecidos desde el principio. Todo génesis de verdad, vida de éxito, esas prosperidades que nos arroban el aliento en otros seres humanos ha requerido de leyes universales de donde surgen reglas que dan vida al dictamen de esos deseos. Tal estilo de vida indudablemente requiere de disciplina inteligente.

Créeme que toda disciplina que no tiene sus inicios en reglas claras, leyes universales fracasa porque no puede avanzar por mucho tiempo, no entiende y lógicamente no establece reglas para el viaje de su vida. Este tipo de persona que un día está emocionado, está en el aire porque algo le hace sentir bien, aplica el deseo de tal vez ser mejor, bajar de peso, ser más espiritual, leer libros, etc. pero así como empieza así termina, en la nada. Sin resultados más que frustración y melancolía. Comienza un camino y en la vereda tropieza con los miedos y obstáculos encontrados de una vida indisciplinada.

La vida con reglas, normas, políticas a seguir es de suma importancia para vivir productivamente. "Nosotros exigimos que nuestros hombres hagan lo que se les diga. Nuestra organización es tan especializada y todas sus partes dependen de las otras de tal modo que es imposible pensar en dejar a nuestros obreros hacer lo que quieran. Sin la más rigurosa disciplina llegaríamos a la confusión más extrema." (Henry Ford), este hombre se entregó a la disciplina y pudo con autoridad decirnos lo que se requiere para triunfar, tener disciplinas, reglas, políticas establecidas para lograr esas producciones deseadas. Todo es posible, lo es cuando hay normas, políticas y reglas a seguir. En si es una vida organizada sabiamente la que llega lejos.

Esto fue lo que vivió el joven José de la Biblia para llegar a uno de los puestos más grande del gobierno en su generación, él vivió bajo sus reglas, sus leyes, sus normas, sus verdades en su casa con su padre, con sus hermanos por eso lo odiaron, con sus sueños por eso lo vendieron con alguien que valoraba un hombre como José fue Potifar. En la cárcel o como mayordomo en el momento de la tentación a ceder, a no cumplir con su cometido. Él siempre decía, "¿Cómo, pues, haría yo este gran mal, y pecaría contra Dios?" (Gen. 39:9.)

Hombres y mujeres de este calibre son los que *no solo prosperarán*, logran y llegan muy lejos, y alto *sino que escuchen bien, ellos permanecen allí por el tipo de vida* que viven en privado como en público. Son en realidad seres humanos de principios, reglas, normas que los crean, hacen y producen en su existencia. Ellos son lo que piensan, quieren, dicen y buscan.

La disciplina escoge modelos:

La persona altamente disciplinada es una persona que busca pautas, modelos, ejemplos a seguir, imitar pues sabe que otros ya han vivido, experimentado reveses, logros, éxitos, aprendieron cosas que deben o no hacerse y por ende esta persona disciplinada aprende de los logros o errores de otros. Usa los logros o pasos de los demás, aquellos que ya demostraron sus disciplinas en el campo de batalla y de esta manera su tiempo no es malgastado en tratar de aprender sino aplica la sabiduría de otros.

Sus inicios fueron de pobreza, padres divorciados, fracaso, obesidad y sin embargo es un éxito real demostrando el poder que tiene la mente cuando se quiere algo, y lo poderoso que es seguir modelos y ejemplos para llegar a nuestros deseos. Me fascina decir que él es uno de los que vive en la verdad que la disciplina decide buscar, seguir modelos para ser mejor.

Anthony Robbins es uno de los grandes ejemplos que demuestra en vida como el estudiar, observar y aprender de otros te pueden llevar a la cima de tus deseos. En todos sus libros, enseñanzas él habla de la importancia de buscar modelos y ejemplos a seguir ya sea para lograr algo, o para desaprender algo, no solo nos da sabiduría, sino que hacer esto nos evita perder tiempo, nos pone donde queremos y si otros ya lo lograron entonces nosotros también.

Otro gran escritor que hace y aplica esta verdad es Brian Tracy y lo expresó, así, "Cada estudio hecho sobre los grandes hombres y mujeres prueba que la única forma de lograr ser grande es cuando usted se vuelve una persona sobresaliente en su campo." Leyendo de, observando a otros se aprende y si eres inteligente aplicas verdades encontradas o evitas errores cometidos.

La disciplina escoge una conducta:

La conducta en este tipo de personas es de suma importancia, es una vida que se elige vivir, no es forzada. Este estilo de vida es la gran bendición que aleja las quejas, las murmuraciones y objeciones negativas de la vida de un ser exitoso. La conducta siendo algo elegible es entonces el camino que se escoge voluntariamente a seguir. "Al hombre se le conoce por sus obras; pero muchos viajan de incógnito." (Anónimo.)

Este estilo de vida es escogida. Tenemos el gran ejemplo de Daniel de la Biblia, hijo de príncipes de Judá. Su nación llegó a ser desaprobada por Dios. Llegó a ser nada, más tarde se convierte en esclavo. En un mundo completamente contrario a su fe, a su religión. En Babilonia el aun así decide escoger una conducta propia, el escoge su estilo de vida. Le impusieron conductas y él decidió establecer las propias. De allí salieron las famosas palabras, "**Y Daniel propuso** en su corazón no contaminarse con la comida ni con el vino del rey. Por eso *pidió* al jefe de los eunucos *permiso para no contaminarse*." (Daniel 1:8.)

Por escoger su propia conducta él llegó a ser diferente, se ganó la bendición de Dios, se elevó de esclavo a los puestos más grandes en el reino de Babilonia y Medo Persia. La conducta que uno escoge o te eleva o destruye y eso requiere de una disciplina escogida, intensa y consistente. Seamos sabios escojamos nuestras conductas serán de poderosa ayuda para llevarnos lejos y ponernos en alto como Daniel.

La disciplina se basa en otra ley, de la siembra, 'uno cosecha lo que sembró', las conductas son elecciones, son decisiones aplicadas que tendrán resultados y dueños únicos, llamados nosotros. "El acto de plantar durante las cálidas brisas de la primavera, requiere que ejerzamos esta dolorosa disciplina, porque si no lo hacemos, estaremos asegurando que en el próximo otoño, experimentaremos el mayor dolor del arrepentimiento. La diferencia es que el valor de la disciplina pesa gramos, y el del arrepentimiento toneladas." (Jim Rohn.)

Este hábito correcto es de suma importancia pues es el que logra grandes efectos, pero nadie podrá cosechar si no aprende a sembrar hábitos correctos, las conductas no son milagros, son semillas sembradas con nuestras propias manos. Tu conducta tiene mucho que decir de estos resultados y es lo que podrás lograr si sabes sembrar semillas correctas y al tiempo correcto. Si deseas lograr tus disciplinas debes llegar a ser un hombre y mujer de principios, valores y verdades a tiempo.

Sépase entonces que "Llevar una vida tal, ejercer semejante influencia, cuesta a cada paso esfuerzo, sacrificio de sí mismo y disciplina." (Ministerio de Curación pg. 373.) El camino del éxito es hermoso pero es recorrido por uno aquí y otra allá porque son los únicos que están dispuestos a pagar el precio, el sacrificio, estos pocos están siempre ansiosos de hacer los cambios sin vacilar.

Falta De Disciplina Tiene Consecuencias
12

En toda disciplina están las consecuencias de cada deber descuidado, indiferencia a las oportunidades, desobediencia a las reglas y metas ya establecidas. Nada pasa por casualidad y por ello una persona disciplinada si falló en llevar a cabo sus deberes, ejercicios o lo planeado sabe porque tiene lo que tiene y es lo que vive, por el otro lado también sabe que si quiere avanzar debe corregir, aceptar las consecuencias de esa falta y allí entra el concepto del látigo.

El látigo aquí es sencillamente símbolo de todo lo que nos quitamos, negamos por no haber logrado los deberes establecidos. Es una ley inquebrantable, dime que sembraste y te diré que cosecharás y he allí la razón de la vida actual en muchos seres humanos, son la consecuencia, vive el resultado de sus propias elecciones o siembras. Se ve en la vida del actor Jonathan Brandis las oportunidades de tener éxito en la pantalla grande estaban llegando pero por no enfocarse a las oportunidades que estaba recibiendo, por no aplicar disciplina en general coqueteo con las drogas y el fin de su vida es clara, se ahorcó quitándose la vida el 12 de Noviembre del 2003. Las consecuencias de una vida indisciplinada también cobra nos guste o no.

Entonces las palabras de Harry Emerson Fosdick son apropiadas al decirnos. "Ningún caballo ha llegado a un lugar sin que primero se le coloquen las riendas. Ni la corriente o el gas pueden mover algo hasta que no son encerrados. Ningún Niágara puede producir energía hasta que no es colocado en un túnel. Ninguna vida crece en grandeza hasta que es enfocada, dedicada y disciplinada."

Por lo tanto una buena reputación, vestir bien, ser un profesional, lograr una vida productiva, ser un intelectual, un buen esposo, buenos padres, un ser querido, tener un buen carácter, mente y personalidad es el resultado de una devota disciplina por lo contrario las consecuencias son vistas. El 9 de Diciembre de 2008, Rod Blagojevich gobernador de Illinois fue arrestado por agentes del FBI junto a John Harris, jefe de su gabinete por acusaciones de cohecho, fraude, intentar vender posiciones políticos pendientes de su nominación.

Había un gran cargo que se quedaba vacante por el senador por Illinois Obama. El 28 de Enero de 2009 el Senado de Illinois destituyó a Blagojevich. En 2010 fue procesado en la corte federal en Chicago por 23 acusaciones. Al final solo lo hacen culpable de uno mentir al FBI. Hubo un juicio más donde al final de las 23 acusaciones es encontrado culpable el 27 de Junio de 2011, después de diez días de deliberaciones.

No importa quien seas, pudiste llegar lejos, lograr fama, posiciones grandes pero si eres infiel a la disciplina en todas sus esferas las consecuencias te visitarán. No importa si eres una persona común, famosa o profesa de alguna religión. Recordemos que la disciplina vive y rige por leyes universales que son para bien o mal afectando a todos los involucrados.

La indisciplina es la culpable de las malas consecuencias espirituales, económicas, familiares, sociales y físicas como se ven a las claras en la historia de los reyes del pueblo de Dios, allí está Ela quien en lugar de estar cuidando y dirigiendo al pueblo está en un fiestón, tomando y gozando, lo asesina. Omri, la misma Biblia dice que fue peor que todos lo que fueron antes de él. Viene ahora Acab quien desmoronó la fe del verdadero Dios y la condición del pueblo era terrible, también al final muere dejando un pueblo completamente destruido, (1 Reyes 16, 2 Reyes 9,10.)

No importa que digas para justificar tus errores, faltas. Todo radica en nuestras propias elecciones y decisiones desde el ángulo social como se ve en los países comunistas, socialistas y aun capitalistas o en la vida personal de muchos individuos. Nada llega por casualidad es el resultado de lo que somos así ocurrió con la actriz Bridgette Andersen con el éxito en la mano muere a los 21 años de edad el 18 de Mayo 1997 por sobredosis de alcohol y drogas. La indisciplina paga grandemente con desgracia tras desgracias.

Amistémonos con la disciplina

Lograr entender el poder que tiene la disciplina es un gran paso en la vida de cualquier persona, pero lograr que ella llegue a ser un amigo, verla con ojos positivos y vivir con ella es otra cosa que muy, muy pocos llegan a experimentar. "La disciplina es el mejor amigo del hombre, porque ella le lleva a realizar los anhelos más profundos de su corazón." (Madre Teresa De Calcuta.) Pero el hacerla nuestra amiga es un proceso poco deseado.

Tener a la disciplina como un amigo es una madurez de alta categoría que se logra al darle sobre cualquier pensamiento, deseo y meta en *nuestra agenda* el primer lugar. La historia del buscador más grande en el mundo del Internet nos dice esa verdad. En la Universidad de Standford, muy cerca de la ya mítica ciudad de Palo Alto, se conocieron los que serían los creadores del buscador que casi seguro utilizas, Google.

Larry Page joven aventurero y dispuesto a estar sometido a sus estudios, inventos y sobre todo intentos *estaba atraído a la informática desde los 6 años, repito desde los 6 años de edad*. En sus intentos e inventos de joven en la Universidad había construido una impresora con piezas de lego. Lo que esto quiere decir es que nada viene por casualidad, no se trata de amanecer un día y tener los libros en la cabeza, el dinero en el banco sin trabajar, una vida pía sin los pasos necesarios que llevan días, meses, años.

Mientras estudiaba se centró con Sergey Brin otro joven de alrededor de 20 años. Y a partir de intentos que ya venían produciendo ambos en su vida se unieron y comenzaron a trabajar en un buscador poderoso y capaz de llegar a ser el número uno. En el año 1996 lograron el buscador "Backrub", que en 1997 lo convierten en el gran Google. Cualquiera que se someta a su pensamiento, deseo y acción sabrá entender que la disciplina tiene muchos nombres, meditar, pensar, analizar, aprender de los errores "evaluados", duro trabajo, desvelos, investigación, entrega, consagración a la visión, pasión por lo que se ama, inversión de tiempo, ideas, dinero, sacrificios, etc.

Hacer de todo eso nuestros amigos, abrirá la bendición de la vida, la vida sabe proveer lo que se quiere cuando se ama y aprecia. Amistémonos con la disciplina y ella nos introducirá a oportunidades, posibilidades que dejan huellas en la historia de hombre y mujeres exitosos.

Disciplina Inteligente
13

"Este es un proceso de preparación, una constante disciplina de la mente y del corazón, para que Cristo obre su gran tarea en el corazón humano." (A Fin de Conocerle pg.57.)
La clave de toda disciplina no es la disciplina en sí, sino la constancia, la perseverancia que se tenga en ella. "Disciplina, trabajo. El trabajo, la disciplina." Dijo (Gustav Mahler.) Yo creo que aquí es necesario aplicar religiosidad, es así como la disciplina vale oro, verdad, triunfo, éxito. La palabra antigua nos dice: "Manténganse alerta; permanezcan firmes en la fe; sean valientes y fuertes." (1Corintios 16:13.)

Este estilo de vida existe bajo una disciplina inteligente, hay muchas disciplinas pero la más productiva es la inteligente disciplina, ella aprende, corrige cuando sabe que está mal, ella reconoce que todo lo que tenemos es un resultado de nuestras elecciones, ella no culpa a nadie, ella no murmura en los tiempos de invierno de la vida, ella sabe todo se mueve bajo una decisión. Ella sabe y quiere vivir la "vida" que tiene a mano al máximo.

Indiscutiblemente este estilo de vida requiere disciplina voluntaria e inteligente que ya hechos dicho. "Las personas crean su propio éxito al aprender lo que ellos necesitan aprender y luego al practicarlo hasta que se vuelven excelentes en esto." (Brian Tracy.) Esto se logra, con una vida religiosamente e inteligentemente disciplinada. No hay éxito sin disciplina. No hay triunfo sin dolor, sin pagar voluntariamente y con gusto el precio asignado por lo que se desea de verdad.

Filosofía:

"Son filósofos verdaderos aquellos a quienes les gusta contemplar la verdad." (Platón *(427 AC-347 AC) Filósofo griego.*

La disciplina más que un hábito, más que una acción en si es una filosofía *que se aprende*, acepta y *luego se aplica para tener todos sus beneficios*.

"La disciplina tiene en sí el potencial de crear futuros milagros." (Jim Rohn.) Una filosofía se compone de conceptos, ideas que forman un conocimiento que llega a ser si así se decide, la directriz de un individuo. Toda filosofía se busca, se logra, se forma y en si tiene el poder de ser el guía de nuestra vida. Si muy temprano en nuestra existencia entendemos que todo lo que nos mueve a la acción es una filosofía ya sea de nosotros o lamentablemente de otras mentes estamos en buen camino a mejorar.

Jim Rohn ya lo dijo al expresar que, "Podemos obtener más de lo que ya tenemos por qué nos podemos convertir en más de lo que ya somos." Si el ser humano comprendiera que en sus creencias, ideas, conceptos radica el poder de cambiar su vida no estuviéramos hoy vagabundos en todas las clases sociales.

Lo aceptemos o no todos tenemos una filosofía pues cada ser humano es su propio concepto, idea escogida por uno mismo o forzada por otros más inteligentes que nuestra brutalidad escogida. En breve somos lo que pensamos. Somos lo que dejamos entrar en nuestra mente y ella forma nuestra filosofía y así el estilo de vida que manifestamos.

Actitud:

"La única actitud digna de un hombre superior es el persistir tenaz en una actividad que se reconoce inútil, el hábito de una disciplina que se sabe estéril, y el uso fijo de normas de pensamiento filosófico y metafísico cuya importancia se siente como nula." (Fernando Pessoa.)

La filosofía de la disciplina no puede funcionar y se convierte en ignorancia cuando no se transforma en acciones. Para el funcionamiento de la filosofía de la disciplina es necesaria una buena actitud. La actitud le da forma a nuestras ideas para su realización. En ella se forman los estilos a seguir aunque todo esté en contra o las burlas caigan de todas partes. Ella es la responsable de cuan alegres estaremos o amargados de tal estilo de vida. La actitud tiene el poder de dirigir nuestra disciplina con canciones en el camino de nuestras elecciones cuando todo esta triste.

"La mayoría de las personas equiparan la disciplina a la ausencia de libertad. "El deber acaba con la espontaneidad", "en el deber no hay libertad", "quiero hacer lo que quiera. Eso, y no el deber, es libertad". En realidad ocurre todo lo contrario. Sólo las personas disciplinadas son realmente libres. Las indisciplinadas son esclavas de los cambios de humor, de los apetitos y las pasiones." (Stephen Covey.) De suma importancia es entonces que logremos una actitud correspondiente a la meta deseada y la disciplina exige una actitud positiva, inteligente, congruente a los principios, posible y real. La buena actitud sabe pagar. Por lo tanto entiéndase que: "Cada hombre puede mejorar su vida mejorando su actitud." – (Héctor Tassinari)

La vida y obra de Adolfo Torres nos da una vislumbre del poder de la mente disciplinada y cómo influye en las otras disciplinas de la vida. He aquí la figura de un escritor que inspira admiración y simpatía. El tema principal de su libro: "Tu puedes tener todo lo que deseas, ser todo lo que deseas, hacer todo lo que deseas. El mundo te pertenece. El futuro está en tus manos. Tú eres el dueño de tu destino". Por eso el libro se llama, "La llave de la Vida".

Al final del libro, el autor dice: "Si ya has empezado a comprender este tesoro, (tu mente) y a usarlo aun cuando sea sólo una parte pequeñísima de él, la cosa más maravillosa que puede pasar en este planeta te ha pasado a ti. Porque eso significa que un ser humano, afligido con todos los sufrimientos y terrores que tan erróneamente parece ser la herencia del hombre sobre la tierra, ha aprendido la Ley de la Vida. Significa que has adquirido un gran poder sobre todas las cosas. Significa que te encuentras de pie sobre la Roca de la Vida. Que la puerta del Cielo está abierta ante ti, y que estás infinitamente más cerca de Dios..."

Adolfo Torres es uno de esos raros escritores que práctica lo que escribe. En Junio de 1926 tuvo un horrible accidente. El automóvil que manejaba se estrelló contra una enorme roca en uno de los caminos del estado de Wisconsin, en los Estados Unidos. Fue llevado al sanatorio más cercano. Allí los doctores encontraron que, a más de una profunda herida en el cuello que por sí sola por poco le cuesta la vida, de dos heridas en la cara, de un hombro dislocado y siete heridas en el cuerpo, la rodilla izquierda estaba rota en cuatro pedazos.

Los sabios doctores movieron tristemente la cabeza. Aquél hombre nunca podría andar de nuevo sin la ayuda de muletas, y no podría dejar el lecho antes de seis meses. Grande fue la sorpresa de los doctores cuando al día siguiente lo encontraron manejando la máquina de escribir con la única mano que podía mover, y dando al mismo tiempo instrucciones a su secretaria. Al entrar, el herido los recibió con una pregunta: ¿Cuándo podría hacer uso del otro brazo? Era muy difícil manejar la máquina de escribir con una sola mano.

–Amigo mío –exclamó un anciano doctor–, ¿No comprende usted la gravedad de su estado? Y le repitió el diagnóstico de la noche anterior.

–Doctor –dijo el herido después de un momento de silencio–. Mi herida más grave es la de la rodilla. ¿Cuánto tiempo necesitan esos huesos, según la ciencia para unirse de nuevo y formar otra vez un hueso sólido y resistente?

Será imposible –replicó el doctor– llevar a cabo la operación necesaria antes de dos semanas, puesto que los tejidos están ahora en muy mal estado. Después de la operación, como el hueso de la rodilla está separado de todos los demás y necesita absorber su nutrición por medio de los tejidos, necesitará un mínimo de seis semanas y un máximo de quince semanas para solidificarse de nuevo. Pero no podrá usted levantarse antes de seis meses, y ahora necesita usted tranquilidad y reposo completos.

Estamos a 11 de Junio –murmuró el herido–. Doctor, me levantaré a fines de Agosto; y no crea usted que me voy a resignar a usar muletas toda mi vida o a la pereza durante dos meses.

¡Imposible! replicó el doctor. En cuanto a su trabajo, sea como usted lo desea, pero juega usted una partida muy peligrosa.

Los doctores salieron, y el herido siguió trabajando tranquilamente. Dos semanas después la operación se llevó a cabo.

Al abrir la rodilla, los doctores encontraron que un trozo de hueso había perdido toda su vitalidad, y que tenía que ser extraído. Aquello confirmó su opinión: el herido nunca se restablecerá por completo.

Pero antes de que el mes de Agosto terminara, el herido dejó el sanatorio, ayudándose con un par de muletas; y dos semanas más tarde podía andar sin ayuda de ninguna naturaleza. – ¡Un milagro de cirugía! –dijeron los doctores, asombrados a su pesar. Pero pocos días más tarde un eminente especialista de Chicago, famoso por su saber, movió la cabeza:

–Imposible –dijo–. No hay cirujano que pueda lograr eso. Debe su curación a su MENTE.

Este libro, tan espléndido, es sólo un reflejo de la vida del Autor, una vida que avanza en línea recta, sin vacilaciones ni temores, hacia el triunfo. (Federico de la Mote / New York, 12 de Enero de 1927.)

Indiscutiblemente que la disciplina mental hace milagros. Todos los que se amistan con ella se renuevan, se levantan si caen, ser reforman, empiezan cuantas veces deben pero al final ellos logran vivir en libertad de todo lo que pensaron, desearon y buscaron en la disciplina inteligente aquella que no es otra cosa que la elección de lo que quieres ser, vas a ser y seguirás siendo tu propio destino.

"Para pensar grandes pensamientos tenemos que ser héroes también como idealistas. Sólo cuando un hombre ha trabajado solo –cuando un hombre ha sentido en su derredor un golfo negro de soledad. Y, en su esperanza y desesperación, ha confiado en su voluntad inamovible– entonces, y sólo entonces ha triunfado. Solo así puede ganar el goce secreto y aislado del pensador, que sabe que, mucho después de que él esté muerto y olvidado, hombres que ni siquiera han oído su nombre, avanzarán al ritmo de sus pensamientos" (Adolfo Torres.)

Las Anclas De La Disciplina
14

La disciplina depende de la Mente:

"La disciplina mental les da mucha ventaja." (Ministerio de Curación. Pg. 108.)

En este asunto la mente tiene un papel súper importante que da matiz a todo lo dicho. La mente da el poder a la voluntad, y así la voluntad da poder al hecho, ella lo hace realidad. Pero todo requiere disciplina desde pensar, desear tener algo hasta buscarlo y lograrlo. Una persona indisciplinada mentalmente es ya un fracaso, mucho más si no lo hace. "La disciplina en el arte supone una lucha fundamental para entenderse a uno mismo y al mismo tiempo entender lo que uno está dibujando." (Henry Moore.)

La disciplina es una ley que gobierna a la humanidad lo aceptemos o no, el problema es que si no lo escogemos voluntariamente ella es aplicable de todos modos, solo que de una forma indeseable. Se dijo ya que: "Si no nos disciplinamos, el mundo lo hará por nosotros." (William Feather.) De todas las disciplinas la mental es la más importante, delicada y necesaria. En esta viven todas las demás disciplinas ¿Por qué? Porque de ella se dirige todo en el ser humano desde lo espiritual, emocional, social, físico.

La disciplina mental es lo primero que se logra y absolutamente necesaria es en una persona disciplinada. Es de esta manera que sabe lo que busca, entonces sabe lo que quiere y luego ella misma lo dirige *hasta* lograrlo. Quienes no poseen una mente disciplina en el pensamiento tienen la plataforma para una vida inestable. Son sin rumbo en la vida tales personas, un desastre en sus emociones, su economía es terrible se casan para divorciarse y si tienen hijos ellos son los maestros que lo preparan para ser gusanos en la sociedad o sea solo los preparan para consumir y jamas producir.

Esta bendición es vista en la vida de un joven que creció en una granja, sin resultados en la escuela, sin dinero para seguir con los gastos básicos de la vida conocio al empresario John Earl Shoaff a la edad de 25 años. Es grandemente impactado con el ejemplo de este empresario y sus palabras lo encaminaron a descubrir el poder que tiene la mente en la vida de un ser humano.

Con este conocimiento adquirido y aplicado Jim Rohn llega a convertirse de un granjero a un excelente negociante en el área de ventas directas de productos naturales. A los 31 años es millonario. Empieza a dedicarte a la importancia del desarrollo personal y la explotación del potencial en cada ser humano. Descubre la mina del potencial del hombre llamada mente.

El mismo llegó a ser empresario, autor y motivador. Tuvo un alcance de alrededor 300 millones de personas en su existencia. Hizo presentaciones a 430. 000 audiencias. Escribió 34 libros. En realidad dejó un legado y semilla de conocimiento para todo el que descubre la bendición e importancia del poder de la mente. Él nos dijo: "A menos que usted cambie su forma de ser, usted siempre recibirá lo mismo." – (Jim Rohn.)

No ignoremos este punto relevante en este estilo de vida, entender el papel de la mente en la vida es descubrir el "Código de Toda Posibilidad" en cada ser humano. La mente es el poder que hace del hombre lo que fue, es y será. Dios mismo lo dio y todos podemos usarla bien pero no todos aunque la tenemos allí con nosotros descubrimos esta gran bendición.

Físicamente:

"Una disciplina siempre lleva a otra disciplina." (Jim Rohn.)

Sin embargo no puede haber salud para la mente, salud mental si no hay salud física, ella llama entonces a la disciplina física en cada ser humano de éxito. "La primera riqueza es la salud." (Ralph Waldo Emerson.)

La verdadera persona exitosa es una persona sana y analizando la vida de los hombres y mujeres que han hecho historia fueron y son humanos que voluntariamente se formaron disciplinados en lo físico para mantenerse físicamente sincronizados con la mente.

Que no se nos olvide que: "El sol, el agua y el ejercicio conservan perfectamente la salud a las personas que gozan de una salud perfecta." (Noel Clarasó.)

La salud no es un milagro es una elección diaria y empieza siempre hoy, en el ahora. "La vida es una fuente de salud, pero esa energía surge sólo donde concentramos nuestra atención. Esta atención no sólo debe ser mental sino también emocional, sexual y corporal. El poder no reside ni en el pasado ni en el futuro, sedes de la enfermedad. La salud se encuentra aquí, ahora." (**Alejandro Jodorowsky.**)

El físico de alguien dice el tipo de carácter y éxito que tiene una persona. Nuestro físico demuestra lo disciplinados que somos o indisciplinados. Nuestro cuerpo es el libro que muestra el tipo de dieta que poseemos y lo mucho que cuidamos y amamos nuestra ser.

"No cambies la salud por la riqueza, ni la libertad por el poder." (Benjamín Franklin.)

Su nombre es Zig Ziglar hoy con una reputación extraordinaria como orador y escritor. En el tema de la importancia de lo físico él nos cuenta que al escribir su primer libro llamado '*See You at the Top*' el vio la importancia de vivir lo que se dice, hablaba pero su obesidad contradecía su filosofía. Por lo tanto se propuso usar su propio ejemplo como base de su filosofía que "el que quiere puede lograr" lo imposible.

El libro ya estaba escribiéndose, había una publicadora para su publicación pero no, su obesidad estaba en su contra. Así que empezó y se retó bajar de peso, lo escribió en su libro lo que estaba haciendo físicamente y al final lo logró. En conclusión él entendió el efecto que tiene la condición física en lo mental, carácter y personalidad y eso que el logró le abrió las puertas a muchas otras experiencias en su vida. Lo mismo puede ocurrir con nosotros si llegamos a establecer la importancia de la condición física y sus efectos en lo mental, espiritual, emocional y éxito en la vida.

"No se nos recordará demasiado que la salud no depende del azar. Es resultado de la obediencia a la ley. Así lo reconocen quienes participan en deportes atléticos y pruebas de fuerza, pues se preparan con todo esmero y se someten a un adiestramiento cabal y a una disciplina severa. Todo hábito físico queda regularizado con el mayor cuidado. Bien saben que el descuido, el exceso, o la indolencia, que debilitarán o paralizarán algún órgano o alguna función del cuerpo, provocarían la derrota." (Ministerio de Curación. Pg.90.)

Al final, "Todos los hombres tienen igual derecho a la vida y a la salud." (Ramón Carrillo.) Pero solo un sabio aplica su derecho de salud y lo cuida como cuidar la vida, sus ojos, su familia, su dinero, su existencia porque es de suma importancia para que él o ella sean exitoso. No olvidemos que nuestro físico predica, testifica sobre nuestra filosofía de vida y es en muchos casos lo que determina a donde y si llegaremos deseamos.

Hábitos:

El mensaje aquí expuesto exige la evaluación de nuestros hábitos pues ellos forman nuestro carácter, nuestra mente y físico. En los hábitos debe existir la disciplina que nos llevarán a nuestros objetivos. Si los hábitos que tenemos son de rutina inconsistente, pereza y desidia entonces son lógicas los resultados. Si son de diligencia, persistencia, educación, lectura, meditación y consistencia los resultados serán congruentes a ello. "A veces, cuesta mucho más eliminar un sólo defecto que adquirir cien virtudes." (Jean De La Bruyère.)

Los hábitos no son ley, son cambiables, formables si se aprecia el poder que ellos tienen en nuestra vdia siempre buscaremos tener los mejores hábitos y curiosamente ellos solo se logran con verdadera disciplina con el hábito de pensar, agendar, leer, temperancia, ejercicio, amar, perdonar, servir, trabajar, levantarnos temprano, comer a tiempo, una dieta, apreciar el tiempo con la familia, la vida, las oportunidades, etc. Entonces expresamos que, "Primero formamos los hábitos y luego ellos nos forman. Conquiste sus malos hábitos o ellos los conquistarán a usted" (Rob Gilbert.)

Michael Phelps nació en 1985 es un nadador estadounidense, un joven quien en las olimpiadas de Atenas se ganó 8 medallas superando en su día las siete medallas de oro que su compatriota

Mark Spitz conquistó en los Juegos Olímpicos de Munich en 1972. Michael Phelps nació el 30 de Junio de 1985 en Baltimore, Maryland, en el seno de una familia de clase media muy deportista.

Este joven no surge por la casualidad y un capricho y deseo de la fama. Todo lo contrario es de importancia enfatizar *que desde muy pequeño practica* algunos deportes típicos de Estados Unidos como el béisbol y fútbol americano, *y comenzó a nadar desde los siete años, motivado por sus hermanas,* Hilary y Whitney, esta última campeona de Estados Unidos de los 200 metros mariposa en 1994 y a la que una lesión de espalda la obligó a retirarse.

El mensaje es que la práctica de estos deportes, la disciplina aplicada, ha logrado hábitos incapaces de llevarlo al fracaso más que el éxito del que goza y exalta a Estados Unidos en el mundo por su ejemplo. En resumen sus logros son hasta hoy:

- En 2000, apenas cumplidos los quince años, Phelps participó en los Juegos Olímpicos de Sydney. Logró un meritorio diploma, al ser quinto en los 200 metros mariposa.

- En 2001 ganó su primer título absoluto: la medalla de oro de los 200 metros mariposa en el Mundial de Fukuoka (Japón), prueba en la que estableció, además, un nuevo récord del mundo (1 minuto 54,58 segundos), convirtiéndose en el plusmarquista más precoz de la historia.

- En 2002, en los Pan Pacific Games ganó cuatro medallas de oro a título individual y una de plata en los relevos 4 x 200 metros libres.

- En 2003 batió ocho récords mundiales en cuarenta y un días, varios de ellos de calibre insospechado.

- Aquel año, en el Mundial de Barcelona, se reveló al mundo como el nadador con mayor proyección de la historia, al ganar, con apenas dieciocho años y a título individual, tres medallas de oro: 200 metros mariposa, prueba en la que en semifinales batió el récord del mundo (1 minuto 53,93 segundos), 200 metros estilos (1 minuto 56,04 segundos; récord del mundo) y 400 metros estilos (4 minutos 9,09 segundos; récord del mundo).

- A esos títulos sumó la medalla de plata en 100 metros mariposa, prueba en la que en semifinales había batido también el récord del mundo (51,10 segundos), pero en la final fue superado por el mejor nadador de este estilo, su compatriota Ian Crocker.
- Además, conquistó la medalla de plata de 4 x 200 metros libres, como integrante del cuarteto estadounidense.

A partir de entonces los periodistas le empezaron a llamar «Bala de Baltimore», «Niño Prodigio» o «Tiburón de Baltimore».

➢ En Atenas 2004 se adjudicó las medallas de oro de 100 metros mariposa (51,25 segundos), 200 metros mariposa (1 minuto 54,04 segundos), 200 metros estilos (1 minuto 57,14 segundos), 400 metros estilos (4 minutos 8,26 segundos, récord mundial), 4 x 200 metros estilos y 4 x 100 metros estilos, prueba en la que no compitió en la final, pero se ganó el derecho a la medalla por haber participado y vencido en las semifinales, como establecía el nuevo reglamento. Además, esta joven promesa de la natación estadounidense ganó dos bronces: 200 metros estilos (1 minuto 45,32 segundos) y 4 x 100 metros libres.

➢ Sólo un atleta en la historia de los Juegos Olímpicos había ganado ocho medallas en una misma olimpiada: el soviético Alexander Dityatin en gimnasia (tres de oro, cuatro de plata y una de bronce) en Moscú '80. Con los seis oros, Phelps igualó la marca de la nadadora Kristin Otto, y se quedó a una de las de Spitz, quien no hay que olvidar que tuvo un calendario menos complicado y compitió sólo en los estilos libre y mariposa, muy similares técnicamente, y, además en los 100 y 200 metros, que son virtualmente lo mismo. Finalmente, Spitz ganó tres oros en los relevos, en una época en que los cuartetos estadounidenses eran invencibles.

➢ En cambio Phelps en Atenas usó cuatro estilos, en distancias que van de los 100 a los 400 metros, y en relevos sólo se adjudicó dos medallas de oro. El proceso para alcanzar la final también fue más intenso, pues Spitz sólo compitió en catorce carreras en ocho días, mientras que Phelps tuvo que hacerlo en diecinueve. Un ejemplo de la presión que le tocó soportar en

Atenas ocurrió el 19 de Agosto, fecha en la que, tras superar el récord de los 100 metros mariposa en las semifinales, tan sólo 20 minutos después ganaba la final de los 200 metros combinados.

Para lograr todo esto este joven indiscutiblemente vive la importancia de la disciplina en el buen hábito. Tener logros. Un carácter y una personalidad no surgen de la casualidad, de la pereza, de la inconsistencia, no. Son el resultado claro del establecimiento de los buenos y consistentes hábitos. Es este tipo de hábitos se requiere una disciplina buscada para que sean poderosos en la vida del individuo. Se cuenta que fuera del agua es muy serio, ni siquiera sonríe cuando acaba de ganar una prueba. Destaca en todos los estilos, pero lo ha conseguido a base de esfuerzo (en los últimos siete años sólo ha dejado de entrenar cinco días. Como norma nada 80 kilómetros por semana, en lo que invierte cinco horas de entrenamiento diario. Cuando no entrena, suele dormir, y antes de tirarse a la piscina, tiene la costumbre de escuchar música.

Es interesante notar que al acabar la secundaria, Michael Phelps interrumpió los estudios *para dedicarse en exclusiva a la natación.* De hecho, es el único componente del equipo estadounidense que ha pasado de amateur a profesional sin haber competido en los campeonatos universitarios.

Como base del éxito demos recordarnos continuamente que todos: "Somos el resultado de lo que hacemos repetidamente. La excelencia entonces, no es un acto, sino un hábito." (Aristóteles.)

Los Pasos De La Disciplina
15

La disciplina es necesaria:

"Con tal que los hombres estén dispuestos a soportar la disciplina necesaria, sin quejarse ni desmayar por el camino, Dios les enseñará hora por hora, día tras día." (Deseado de Todas las Gentes pg. 216.)

Ningún ser razonable que desea, anhele y busque logros, resultados puede vivir sin ella. En realidad en la agenda, metas y blancos de todo individuo la disciplina es la sangre, el oxígeno que da vida en estas personas. - "El buen humor es, en la mayoría de las personas alegres, el satisfactorio resultado de una tenaz disciplina." (Edwin Percy Whipple.) Esta tenaz disciplina es fundada en una elección inteligente.

Lo que llamamos disciplina necesaria aquí es lo que hace felices a estas personas pues no hay cansancio, inversión, tiempo, estudio, dinero que no valga la pena, dolor que no se ame con tal de lograr ese poderoso deseo de algo. Entonces la verdadera, "Disciplina es recordar lo que uno quiere." (David Campbell.)

"Si la disciplina y el orden son necesarios para el éxito en el campo de batalla, tanto más necesarios son en la guerra en la cual estamos empeñados, cuanto el objetivo que ha de ser ganado es de mayor valor y de más elevado carácter que el objetivo por el cual las fuerzas opositoras contienden en el campo de batalla. En el conflicto en el cual estamos empeñados se hallan en juego intereses eternos." (El Evangelismo pg. 89.)

Aceptarla:
Sin embargo volvemos a lo básico, el primer paso en una vida inteligentemente disciplinada - es aceptarla. Reconocer que es ella la que ha forjado a hombres el éxito añorado que da sentido a lo que dicta la causa y efecto en estas vidas. "Cuando usted tenga

varios cosas por hacer muy desagradables, siempre realice la más desagradable primero." - Josiah Quincy.

Dar este paso es súper, súper significativo en la existencia de un ser humano que quiera empezar una nueva filosofía, una reforma, un cambio en su vida. *Aceptar* verdades como esta es lo que han hecho todos los realizados humanos de la historia y esa ley es universal que ha dictado sus destinos al éxito. No trates de vivir a tu manera entiende que hay leyes que han regido en cada generación y la nuestra aun con sus tecnologías avanzadas aun le deben su éxito a la importancia o negligencia a la disciplina inteligente o a la indisciplina escogida.

Aceptándola es dar el primer paso que entiende que, "El hombre es lo que debe ser, mediante la educación, mediante la disciplina." (Georg Wilhelm Friedrich Hegel.) Aceptando el poder de ella nos da la llave a las grandes posibilidades en la vida. Este día te doy las llaves que un día llevó a los pequeños a ser grandes, los pobres, los ignorantes, débiles y enfermos a cambiar sus vidas, así de lo mediocre a bueno, de bueno a excelente. Fue este concepto lo que ha abierto grandes posibilidades en nuestro mundo hasta hoy día.

Utilizarla:

El segundo paso a esta verdad es que se utilice el poder de la disciplina, se practique y que se viva en ella. Interesante pero verdad es que, "El genio, en una disciplina, con la práctica, potenciará su genialidad, el tonto, con la práctica, sólo potenciará su tontería." (Valerie Tasso.)

Este es el momento de comenzar a utilizarla, o continuar con ella si ya la tenemos. Viviendo, leyendo, observando entiendo que nada, nada valdrá la pena si no se utiliza el conocimiento de la disciplina constante. El poder de cualquier humano está en la educación y disciplina consistente.

Este tipo de personas son como Martin Lutero al saber que "Aunque el final del mundo sea mañana, hoy plantaré manzanos en mi huerto." Este tipo de convencimiento solo puede existir en personas altamente disciplinadas, no viven mañana, no existen en el pasado sino hoy es su día, hoy es su oportunidad.

Si esperamos ver un futuro, entendamos que empieza hoy. "El futuro pertenece a los que están capacitados. Pertenece a los que son muy, muy buenos en lo que hacen. No pertenece a los que tienen buenas intenciones." (Brian Tracy.) Esta frase en realidad dicta un estilo de vida escogida por todos aquellos que verdaderamente buscan triunfar. Usan la disciplina a su favor.

Desarrolla:

"El desarrollo personal le lleva a su destino." (John Maxwell.)

Nada en la vida es gratis, de alguna manera tiene un precio que tarde que tempano se paga. "El talento no es un don celestial, sino el fruto del desarrollo sistemático de unas cualidades especiales." (José María Rodero.)

El tercer paso es poner horario, agenda, notas en cada lugar visible y recordatorio. Los horarios son necesarios, la agenda, las notas, las evaluaciones, las revisiones, las correcciones, y la paciencia es la esencia de este paso mágico en la verdad del hombre exitoso.

"Cada ser humano tiene, dentro de sí, algo mucho más importante que él mismo: su don." (Paulo Coelho.) La única manera que este don viva, produzca se deberá siempre al desarrollo que se someta y busque voluntariamente. Esto es como una semilla se siembra y se cuida, allí está lo mágico.

Por lo tanto la verdadera disciplina en su desarrollo está la vida, es acción, es magia que impulsa un nuevo ser, una nueva visión, misión, meta que se engendra voluntariamente. Por eso, "Sin disciplina, no hay vida en absoluto." (Katherine Hepburn.)

Produce:

"El trabajo no es lo realmente difícil, lo que es difícil es la disciplina." (Anónimo.)

El cuarto y último paso es que todo verdadero, innata y creativa disciplina da resultados, si no se logró algo, algo estuvo mal sino se produce lo deseado, si no se logra lo deseado fueron solo pensamientos vagabundos sin concentración disciplinada.

Por eso para lograr nuestros sueños, "La disciplina es la parte más importante del éxito." (Truman Capote.) No hay otro camino verdadero para ver la vida disciplinada de una persona, sus logros. Sus éxitos. Sus triunfos, sus victorias son los frutos al final de todo lo que intente, trabaje, luche y pelee.

Los productos son esenciales para satisfacer la verdadera disciplina. Todo lo que no produce no puede llamarse disciplina, fue todo menos ella. En realidad los resultados son lo que dan tonificación a estas verdades que han hecho a grandes hombres y productivas mujeres. "Quien vive sin disciplina muere sin honor." (Proverbio islandés.)

El honor, y la gloria no son el resultado de indisciplinados, todo lo contrario, pregúntale a Cristo, Gandhi, Mandela. Ellos contestarán que fue los resultados de disciplinas claramente establecidas. Por lo tanto aun el éxito económico es un resultado buscado. "El dinero viene sólo si hacemos lo que nos gusta hacer, y también esto requiere de disciplina." (Héctor Tassinari.)

Ningún ser humano exitoso es indisciplinado, ninguno y jamas, sus logros nombran un sin número de disciplinas constantes e inteligentes. Está en nuestras elecciones, allí radica nuestro futuro. No sonamos ser disciplinados, decidamos ser disciplinado.

Los pasos de la disciplina fueron claros en la producción de un Sylvestre Stallone. Actor, director, productor y guionista. Su nombre completo es Sylvester Enzio Stallone. La niñez y la adolescencia de este actor fueron sumamente difíciles, ya que sus compañeros de escuela se burlaban de él por el defecto que tenía en su labio, aparte de un ojo y el mentón, que le impide hablar bien pues tuvo complicaciones al nacer le provocaron parálisis en la parte izquierda de su rostro. Con estos inicios en la vida no tenía mucho que ofrecer.

Pero se refugió en un cambio de pensamientos, sus conceptos cambiaron y se sometió a una ruda, consistente disciplina, el ejercicio, levantando pesas a diario, con lo que consiguió una beca en acondicionamiento físico en Europa. Todo esto cambió su imagen, y se volcó a la idea del éxito. Viajó a ese país, bajo condiciones extraordinarias tanto mentales como físicas en Estados Unidos estaba decidido a convertirse en un actor exitoso.

Por lo tanto ahora necesitando más conocimiento para sus logros, estudió drama en la Universidad de Miami y se presentó en obras de teatro en Broadway. Desilusionado por su poco éxito, se somete a nueva aventura, comenzó a escribir guiones: uno de ellos, *Rocky*, la historia de un boxeador que causó gran interés en los estudios. Las puertas empezaron a abrirse para este perseguidor de disciplinas.

Tuvo tanto éxito que Stallone también estelarizó la cinta, que se convirtió en un clásico, además de un éxito de taquilla con varias secuelas. A partir de ahí, su personaje de Rocky y uno posterior Rambo, del filme *First Blood* se convertirían en elementos de la cultura estadounidense. No hay duda que venir al mundo no podemos evitarlo. Tener problemas físicos de nacimiento tampoco. Los problemas y obstáculos son parte de la vida pero lo que si podemos es recrearnos, formarnos y ser de nosotros lo que deseamos ser dentro de los límites de nuestro potencial. El potencial del hombre o mujer sometido a los pasos de la disciplina no tiene obstáculo solo ve oportunidades y LOGROS.

Secretos Del Disciplinado
16

La persistencia:

"La experiencia religiosa se obtiene solamente por el conflicto, por los chascos, por severa disciplina propia y por la oración ferviente. Los pasos que llevan hacia el Cielo deben darse uno a la vez; y cada paso nos da fuerza para el siguiente." (Consejos Para los Maestros, Padres y Alumnos pg. 97.)

La persona que tiene éxito es aquella que no solo aceptó, tiene disciplina sino que es persistente en su deseo. No se da por vencido aunque en el momento no vea resultados. Sabe esperar, sabe buscar y seguir buscando hasta lograr lo que quiere.

Un gran hombre escribió, "El secreto del éxito es persistencia por la meta." (Benjamín Disraeli) "Afortunado es el hombre que tiene tiempo para esperar." (Calderón de la Barca.) La persistencia es la gasolina que te lleva a tu horizonte. Este es un secreto que muchos fallan en aplicar y por eso son pocos los empresarios, políticos, ministros, actores que logran el éxito que ven los triunfadores. "A la manera que el río hace sus propias riberas, así toda idea legítima hace sus propios caminos y conductos." (Ralph W. Emerson.)

- Un granjero de toda su vida.

- Se postuló para Senador de su Estado y fue derrocado en las elecciones.

- En 1978 procuró el cargo de Gobernador del Estado de Alabama y perdió.

- En 1986 lo intenta nuevamente y durante la campaña es rechazado e ignorado por sus propios colegas.

- Por más de 100 años su partido NO había ganado en su Estado.

Impactantemente para todos a pesar de todas las desventajas para ganar y las encuestas claras que no era el favorito gracias a la disciplina de la persistencia Guy Hunt se convierte en el primer Gobernador republicano de Alabama después de 112 años que nunca había ganado un republicano. En sus propias palabras él dijo: "Como usted sabe, Andy, en esta vida hay pocas cosas que se nos dan. Se necesita fuerza de voluntad, determinación, apoyo de la familia y fe en Dios y en uno mismo. Aprecio la oportunidad de compartir algunas de mis ideas con usted y espero que mi historia, junto con las de otros en su libro, sirva de inspiración para los demás." "Tormentas de Perfección."

La temperancia:

"Pues Dios no nos ha dado un espíritu de timidez, sino de poder, de amor y de dominio propio." (2 Timoteo 1:7.)

Otros de los secretos que hacen victoriosos a los hombres y mujeres es la temperancia. La disciplina necesita temperancia, ella da balance y sabe cuándo hacer una u otra cosa. Lo impresionante de una persona disciplinada es que sabe que todo tiene su tiempo, repito todo tiene su tiempo y lugar, nada se atrasa o nada se adelanta más que lo que está bajo la supervisión del hábito de disciplina inteligente. La falta de ello es lo que se deja sin hacer, sin revisar y eso vive en la destemplanza.

"La verdadera maestría trasciende cualquier arte particular. Parte de la maestría de uno mismo, la habilidad, desarrollada a través de la auto-disciplina, estar en calma, tranquilamente atento, y completamente en sintonía con uno mismo y lo que le rodea. Entonces, y solo entonces, una persona puede conocerse a sí mismo." (Bruce Lee.)

El poder de la temperancia no es un accidente, no es una idea solamente, es una práctica que uno elige aplicar en la vida. En el libro Sagrado tenemos una historia que demuestra como la temperancia en las cosas no solo hacen de ti alguien mejor y diferente a los demás. En este caso Dios mismo reconoce a estas personas llamados "recabitas".

"Palabra del Eterno a Jeremías, en días de Joacim hijo de Josías, rey de Judá, que le dijo: "Ve a casa de los recabitas, y habla con ellos. Llévalos a una de las cámaras del templo, y dales a beber vino". Tomé entonces a Jazanías hijo de Jeremías, hijo de Abasinías, a sus hermanos, a todos sus hijos y a toda la familia de los recabitas. Los llevé al templo, a la cámara de los hijos de Hanán, hijo de Igdalías, varón de Dios, que estaba junto a la cámara de los príncipes, sobre la cámara de Maasías hijo de Salum, el portero. Puse ante los recabitas tazas y copas llenas de vino, y les dije: "Bebed vino". Pero ellos dijeron: "No beberemos vino; porque Jonadab hijo de Recab nuestro padre nos mandó: 'Jamás bebáis vino, ni vosotros ni vuestros hijos'. "Ni edifiquéis casa, ni sembréis sementera, ni plantéis viña. Sino habitad en tiendas todos vuestros días, para que viváis muchos días sobre la tierra donde peregrináis. "Y nosotros hemos obedecido a la voz de nuestro padre Jonadab hijo de Recab, en todas las cosas que nos mandó, de no beber vino en todos nuestros días, ni nosotros, ni nuestras esposas, ni nuestros hijos e hijas; "de no edificar casa para nuestra habitación, y de no tener viña, ni heredad, ni sementera. "Vivimos en tiendas, y cumplimos todo lo que nos mandó Jonadab nuestro padre." (Jeremías 35:1-10.)

La temperancia es la base de una mente sana, un físico en orden, un sistema nervioso dispuesto y sensato en la búsqueda de las metas que comienzan en lo síquico mientras pasa por la electrificante voluntad que materializa ese pensamiento deseado. La temperancia es el balance Divino en todo mientras la tormenta de la vida avanza, en todas las luchas ella da razón de existencia. Ella siempre da excelencia y reconocimiento. Sabe ponerte en lugares envídiales.

Victoria sobre sí mismo:

Sobre todas las leyes de la vida la más relevante es la que dicta "tu primero y luego los demás en la exigencia de algo mejor". Este es un secreto que no se reconoce. En el mundo se tiene a muchos moralistas pero no ejemplos a seguir. "A los hombres fuertes les pasa lo que a los barriletes; se elevan cuando es mayor el viento que se opone a su ascenso." (José Ingenieros.)

Las teorías sobre abundan desde los políticos, religiosos y maestros que solo enseñan a una doctrina, una filosofía pero no la viven y por ende no tiene efecto sus enseñanzas en el mundo que influencian. En esta verdad tenemos la experiencia de Oscar de la Hoya un boxeador profesional y de gran éxito y reputación. Mientras todos almibaramos sus éxitos en lo que él ha emprendido nos dio la sorpresa en el 2011 que lucha contra el alcoholismo y otras sustancias, problemas familiares y descontrol emocional. Sin embargo contrario a otros él reconoció su problema, se lo dijo a su público que él está sometido a vencer sus propias debilidades y fue en busca de ayuda profesional para éstas debilidades. Qué ejemplo de que no podemos exigir de otros mientras no venzamos las nuestras primero.

Debemos ser estrictos con nosotros mismos, lograr vencer nuestras debilidades y eso requiere de UNA disciplina inteligente. "Al leer sobre las vidas de los grandes hombres, descubrí que la primera victoria que ellos tuvieron fue sobre sí mismos. La autodisciplina siempre fue lo principal." (Harry S. Truman.)

Recuerda donde estabas:

Empezar desde abajo en la vida es posible y subir a lo deseado con una vida altamente disciplinada pero de igual manera se requiere disciplina para saber y seguir aprendiendo, renovando y buscando nuevos horizontes para obtener el éxito. En realidad cada éxito es el comienzo para una persona inteligentemente disciplinada. En este camino a la cima del deseo, de la meta y ese proyecto requiere recordar donde estabas para proyectar algo mejor.

Este secreto te enseña que recordando dónde estabas lograrás ese balance entre éxito y comienzo. El rey David lo logró. Cada victoria lo ayudaba recordar dónde estaba cuando empezó cada logro, cada éxito. Desde ser encargado de las ovejas pudo matar leones, osos. Eso le dio la capacidad de defender su Patria, su Dios, su pueblo convirtiéndolo en un héroe.

Sin embargo David no se quedó estancado siempre tuvo la capacidad de comenzar cada vez que obtenía un logro o una derrota. Una victoria le abría el camino para otra porque siempre sabía comenzar, aprender y seguir creciendo. También no podemos ignorar que David fue una persona balanceada en las buenas y en las malas circunstancias. Cuando fue perseguido por el rey Saúl, odiado por sus hermanos, al ser rey, la muerte de sus hijos, la pérdida del reino temporalmente por la codicia de su propio hijo él siempre fue capaz de recordar quién era, de donde venía y a dónde podía llegar si se mantenía concentrado con el fin en mente y así lo logró.

Otra de las crudas verdades en el ser humano cuando logra un éxito, una victoria es que se estanca. H. Ross Perot nos dijo: "Algo en la naturaleza humana causa que nosotros empecemos a aflojar en el momento de nuestro más grande logro. A medida que usted se convierte en alguien exitoso, usted necesitará mucha disciplina para no perder balance, humildad y compromiso." Tengamos cuidado, un éxito en cualquier área en realidad es solo un comienzo de un progreso ascendente en la vida con sentido y destino elegido.

La verdad es que los que tienen la disciplina de crecer, desarrollarse son elásticos, siempre se están estirando a mayores y mejores logros. Estas personas son flexibles, se acomodan a las circunstancias sin comprometer sus principios. Ellos saben cuándo actuar, esperar, hablar, luchar y defender algo. Son totalmente balanceados.

Ellos no forman enemigos innecesarios. Cuidan lo que tienen, invierten bien, sabiamente su tiempo, su energía, sus talentos y su dinero. Tienen una capacidad inconquistable cuando se trata de seguir creciendo y aprendiendo. Voluntariamente toman la vida como una escuela donde nunca dejan de aplicar conocimiento y aprender para seguir adelante. Saben que: "La senda de los justos es como la luz de la aurora, que va en aumento hasta llegar al pleno día. El camino de los impíos es como la oscuridad, no saben en qué tropiezan." (Proverbios 4:18.)

Haz Lo Que No Gusta
17

"Faltándoles disciplina y dominio propio, se tornaron violentos e irrazonables." (Patriarcas y Profetas pg. 290.)

El poder de hacer lo que no nos gusta:

Uno de los grandes conocimientos es que nosotros aprendamos hacer primero lo que no nos gusta. Hacer conciencia de esta verdad simple pero poderosa es lo que forma caracteres excepcionales. Las grandes biografías, la historia y la realidad analizada demuestra que cuando *se hace lo que no nos gusta, lo que no agrada al cuerpo, contrario a lo común y convencional es esto lo que prepara el campo para el desarrollo de la mente, carácter y personalidad. Es la plataforma del éxito.*

Por lo tanto nadie más que uno mismo debe entender y aplicar los sacrificios, el precio, el tiempo, la energía, la lucha para tener lo que se quiere realizando lo que no nos gusta. Un gran cambio tiene su precio, el logro deseado es el resultado del pago de lo deseado por adelantado haciendo aquello que no agrada en el momento necesario. Este punto es importante porque la mayoría de humanos tropiezan aquí, no se comprende que solo haciendo las disciplinas necesarias y aquellos que disgustan es lo que nos impulsa al progreso en nuestras metas.

En el mundo de los disciplinados es una ley universal que uno mismo es el que debe pagar el precio de ese deseo, sueño o idea pero conscientes de que habrá momentos indeseados, sacrificios y precios no del agrado nuestro. Sin embargo hacer lo que no gusta nos hace grandes en carácter, personalidad, mentalidad y para el día de mañana nos abre la puerta de la fortuna manifestándonos en el día de hoy como personas dignas del premio añorado.

En la vida del éxito si no te gusta levantarte de madrugada o temprano, lo haces no porque te guste sino porque sabes que si lo haces lograrás más cosas en ese día que te acercarán a tu meta, deseo o proyecto. Debes saber que todo el que hace lo no le gusta ritualmente te dará el hábito y gusto de hacerlo naturalmente. Si no te gusta escribir tus deberes, lo haces porque sabes que al hacerlo tienes un norte que seguir que te da una vida ordenada. Hacer lo que no te gusta, dedicar tiempo al pensamiento concentrado, revisar las notas, las metas, evaluar nuestro carácter, economía, familia, relaciones es la actividad que te hace verdaderamente exitoso, grande en tu área y seguro de cumplir tu misión en esta vida.

Si no te gusta el ejercicio lo realizas con sueño, dolor, cansado si es necesario porque sabes que te da salud, nueva actitud, nuevas energías. Escoges una dieta no porque te guste en muchas ocasiones sino porque sabes los grandes resultados que ello tiene en la vida. Se hace lo que no te gusta porque es lo mejor para ti, no porque lo sientas sino por lo que sabes y entiendes. Que poderoso es este pensamiento al aplicarlo. Esto hace la gran diferencia de los que triunfan de los que solo observan y se quejan de que esta vida no sirve.

Cuando tienes un objetivo y verdaderamente estás convertido a un sueño es un gusto hacer lo que no te gusta por una razón, el gusto no está en lo que haces está en que te acerca o lleva a tu deseo y plan. Esto ocurrió con Jonathan hijo del rey Saúl, bajo decreto de muerte nadie podía probar comida, pan y cualquier cosa para digerir. Ya días en guerra sin comida estaba desmayando a casi todos. El pueblo fiel a su rey no quiso disgustar a su rey imprudente. Pero Jonathan hizo lo que otros no querían hacer por ellos mismos, hablar y pedir comida al rey o comer algo para pelear por su rey. Jonathan lo hizo y casi logra la muerte pero su valor, audacia y aventura lo llevó a la victoria en las biografías Bíblicas (1 Samuel 14). Su personalidad demuestra que era un hombre que hacia lo que él creía, quería, y deseaba aunque fue contra su propia vida. Este tipo de hombres son los que bendicen y dejan huellas en esta vida.

Algo curioso ocurre cuando disciplinadamente se hacen las cosas que no nos gustan, se vuelven hábitos, esta es una verdad que funciona con la disciplina de la lectura de libros, la capacidad de observar 'todo' para aprender, la importancia y bendición de la 'meditación en cualquier lugar u hora' para una vida altamente espiritual, una actitud social altamente sinérgica no es el resultado de un intento sino de disciplinas conscientes bajo el lema de hacer lo que no nos gusta. Estas elecciones nos transforman y hacen de nosotros diferentes, nuevas, capaces y desarrolladas. Nace allí nuevas mentes. Se forman nuevos caracteres. Los hábitos nos llegan a gustar y ahora hacemos lo que no nos gustaba con mucho gusto y amor. Lograr esto es la bendición más grande en la vida.

El poder de hacer lo que a otros no les gusta:

La otra verdad progresiva en este conocimiento es tan sencilla pero ignorada por la mayoría de los humanos. Y es 'hacer lo que a otros les disgusta' *es la clave de logros en la vida que promueven* pero también es importante entenderlo y aplicarlo requiere disciplina. "A nadie cuesta más que a aquel que mucho desea." (Ramón y Cajal.)

Se cuenta que el científico Thomas Edison salió con otro invento y nadie de su equipo quiso promoverlo, se convencieron equivocadamente que no se vendería y nadie de ellos quiso aventurarse. Pero el limpia pisos, el que le tocaba barrer y limpiar dijo "yo creo en tu invento, yo quiero promoverlo y venderlo." Este hombre llegó a ser uno con Edison, millonario y empresario solo por hacer lo que otros no quisieron y no les gustó promover. Su nombre fue Edwin C. Barnes.

Una de las bellezas en la vida exitosa es hacer lo que otros no quieren es lo que nos da experiencias diferentes pero hacer lo que a otros no les gusta nos abre puertas de grandes oportunidades y posibilidades. E.M. Gray nos dice lo importante de esta lección. "La persona exitosa tiene el hábito de hacer las cosas que a los fracasados no les gusta hacer. A ellos no es que les guste hacerlas pero su desagrado es controlado por el deseo de lograr la meta final."

Una mentalidad convertida a esta verdad es potencia para tener lo que siempre se quiere. Por ejemplo este tipo de personas no viven endeudadas, no usan lo que no pagan. Ellos pagan primero y luego gozan. En otras palabras hacen lo que a otros o ellos no les gustan, la diferencia está en que él o ella hacen por saber las consecuencias que si paga ahora gozará mañana como resultado de algo digno.

Lo vemos en la vida del cantante y actor Willy Smith en una entrevista le preguntaron que lo ha llevado al triunfo, al éxito en su carrera. Y en sus propias palabras él dijo, "soy un trabajador alcohólico, mientras otros duermen yo trabajo, me encanta trabajar y hacer lo que otros no hacen." Refiriéndose a su niñez una vez su padre le pidió hacer algo y su respuesta con su hno. Fue 'no puedo'. Desde ese entonces su padre le enseñó a nunca decir "NO puedo" y trabajar siempre duro antes de tener el resultado y gozo de algo. Mira su éxito y entenderás las disciplinas que lo dominan. Jamás pienses que hay victorias y éxito sin precios de disciplina.

El mensaje es: "Disciplina es hacer lo que realmente no desea hacer para poder hacer lo que realmente quiere hacer. Es pagar el precio en las cosas pequeñas para poder comprar la grande." (John C. Maxwell.) Así que hacemos hoy lo que no nos gusta y gustar mañana lo que nos gusta o hacemos lo que nos gusta hoy para vivir con lo que nos disgusta mañana y eternamente, demuestra que piensas y sabes elegir para la eternidad.

Las Desgracias
18

"La desgracia, al ligarse a mí, me enseñó poco a poco otra religión, distinta a la religión enseñada por los hombres." (George Sand.)

En este estilo de vida es de importancia entender *que las desgracias* contribuyen en la formación del carácter del ser humano exitoso. Una persona inteligentemente disciplinada sabe el secreto de que las desgracias son una bendición y no maldición. Ayudan y no destruyen, modifican y eleva al individuo. Son en muchas, muchas ocasiones la escuela donde uno recibe gran sabiduría, inteligencia y habilidad de encontrar nuevos caminos, conocimientos y oportunidad para ser lo que quieres y tener lo que deseas.

Interesantemente Albert Camus dijo: "Al principio de las catástrofes, y cuando han terminado, se hace siempre algo de retórica. En el primer caso, aún no se ha perdido la costumbre; en el segundo, se ha recuperado. Es en el mismo momento de la desgracia cuando uno se acostumbra a la verdad." Benditos los que aprenden y siguen en las desgracias pero mas aquellos que aprenden y aplican nuevos conocimientos logrando su meta. La verdad de cualquier cosa, deseo y meta si se persevera siempre, siempre estará allí esperando para lo que aman la disciplina.

La persona inteligente hace una de dos cosas, si ellas, las desgracias vienen porque algo que se hizo mal él o ella corrige y sigue adelante. Si las desgracias llegan como obstáculos, pruebas y batallas sin buscarlas entonces es solo una demostración que estás en el camino de los triunfadores. Sin embargo guárdate de los fracasados mentales que solo murmuran y se hunden de donde nunca saldrán si siguen con esa mentalidad. Al fin y al cabo se ha descubierto que nuestro mundo no es externo sino lo que la mente dicta que es. Por eso última instancia: "Si no quieres ser desgraciado trata a las catástrofes como a molestias, pero de ninguna manera a las molestias como a catástrofes." (André Maurois.)

Creer en la vida, en Dios, tener fe nos hace aptos para apreciar "todo" lo que sucede y nos sucede pues en ellas están las muchas bendiciones, lecciones, sabiduría, conocimiento encerrados o disfrazados en lo que llamamos muchas veces "malos" momentos, circunstancias, desgracias o fracasos. Me encanta saber que, "Las pruebas y los obstáculos son los métodos de disciplina que el Señor escoge, y las condiciones que señala para el éxito." (Ministerio de Curación pg. 373.)

Un niño sin padres, se pasó de orfanato en orfanato. El mismo luchó para educarse. Sin dinero se ingenia una fuente para seguir estudiando. Se asocia y compran una pizzería. Aparecen los reveses en el negocio, problemas con sus socios y para el colmo se le quema la oficina y empieza una lucha legal por el nombre de su pizzería. Se quedó solo con una pizzería y sin dinero para seguir. Su nombre es Thomas Monaghan.

Pero este hombre supo el valor de la persistencia, el amor a las desgracias y la paciencia para seguir. Más tarde recordando todas estas desgracias en sus vidas él nos cuenta: "Sentí que todos esos reveses eran instrumentos para que yo aprendiera de ellos y los usara como escalones para progresar, y no los vi como fracasos. Un fracaso es cuando usted deja de intentar algo, y nunca yo hice eso."

Este hombre que deja gran ejemplo de apreciar la vida tal y como viene, de usar lo que tenemos y aventurarnos en las desgracias. Thomas Monaghan llegó a ser el fundador y dueño de Dominos Pizza y gran empresario en Estados Unidos. Cuando sabes lo que quieres aún las desgracias son bendiciones y tarde que temprano vez el éxito y vives con él.

Napoleón nos dijo, "Abandonarse al dolor sin resistir, suicidarse para sustraerse de él, es abandonar el campo de batalla sin haber luchado." Debe mantenerse en mente que en la vida siempre hay dolor y desgracia y no puede evitarse. La manera en que reaccionamos es lo que importa no lo que nos sucede y yo he decido triunfar y por lo tanto las desgracias son recordatorios de que voy por buen camino y por experiencia solo veo y vivo éxito.

Está en nosotros el poder de como ver, aceptar ese momento de desgracias en la vida. La filosofía que nos domine será el timonel que dirija nuestro presente.

Me impacta la historia de muchas personas que en las desgracias se han formado y hecho. Sé la historia de un joven que en la desgracia de la pobreza su padre se da a conocer como un alcohólico, el joven tiene dos opciones desilusionarse o levantarse y formarse. Esa desgracia en su hogar lo formó a él, lo llevó a buscar grandes oportunidades y las alcanzó en Estados Unidos. "Al vencer sin obstáculos se triunfa sin gloria." Corneille. Este secreto público permite que no nos desanimemos cuando las cosas no van a nuestro gusto. Comprenderlo nos da la facultad de ser felices, consistentemente positivos y no desgraciados maldiciendo esos momentos inesperados pero importantes en la vida. "El más desgraciado de todos los hombres es el que cree serlo." (Fénelon.) Entender y aceptar que es allí que somos pulidos en cada paso de la disciplina, la disciplina de la vida, es uno de los descubrimientos más grandes de la vida. Entonces afirmamos que, "Al lado de la dificultad está la facilidad." (Mahoma.) Si es que así lo deseamos y aceptamos.

En realidad las desgracias pueden calificarse como **un filtro** de todo lo que no es bueno en nuestra vida, carácter, personalidad, emociones, familia, economía, religión o pensamientos. Cuando esta ley de la vida es aprendida es que uno es verdaderamente prosperado y feliz. "Mi vida ha estado llena de terribles desgracias, la mayoría de las cuales nunca sucedieron." - Michel Eyquem de Montaigne. Al final para alguien convertido al concepto del poder de la disciplina sabe que es su mente que cocina su creencia, es en ella donde determina su verdadera existencia y por lo tanto lo que nos sucede será la interpretación que le demos no lo que sucede realmente.

Esto le pasó a Tony Meléndez, pobreza, enfermedad y discapacitado físicamente. En toda esta desgracia para muchos él se sumergió en la posibilidad que construyó en su mente. Quiso y llegó a ser un artista, no tiene brazos así que toca la guitarra con los pies, ha estado en grandes, grandes eventos mundiales. Está casado y tiene hijos. La posibilidad en las desgracias no está en las circunstancias sino en tu propia mente.

Los grandes que han hecho historia tuvieron que experimentar este tipo de vida y varios nos expresaron que, "Aquel que nunca ha fracasado, es porque tampoco nunca ha intentado nada." (O.G.Mandino.) Si las cosas no van como deseas, y surgen los obstáculos como los hongos ten por seguro que estás intentando algo, que estás construyendo algo y si abundan los problemas entonces es que estás prosperando, se paciente y verás grandes resultados.

He aprendido que las desgracias y momentos difíciles en la vida solo son avisos de que estoy llegando a mi meta. El balance entre avance y desgracias es no perderse en ellas. No perdamos las dichas grandes de cada prueba, lucha porque sin victoria es una perdida irrecuperable en la vida por eso recordemos que "Dichas que se pierden son desdichas más grandes." (Pedro Calderón de la Barca.)

Por experiencia propia sé que este es uno de los grandes secretos que ha hecho a los hombres y mujeres de fama, fortuna y triunfos en esta tierra. Si no me crees pregúntale a David, Pablo, Lutero, Churchill, Mandela, Obama, Ester, Débora, Oprah Winfrey y la Madre Teresa. Las biografías testifican de como encararon las desgracias usándolas como peldaños para llegar a su objetivo, lo más impresionante es como ellos fueron felices en ellas.

Medita en la siguiente historia:

- En su propio zoológico en su granja una leona de 300 libras le arrancó un brazo a un niño.
- La crítica pública fue terrible.
- La familia tuvieron que huir de esa ciudad a otra.
- Tres años más tarde en el intento de grabación de películas de la fauna silvestre su hija es diagnosticada con Leucemia.
- Fracasa en sus películas de la fauna silvestre.
- Vendió sus bienes raíces.
- Desgracias tras otras lo dejan sin dinero.

En todas estas desgracias él se formó, maduró y creció, pero todo esto lo prepara para llegar a ser finalmente el director del zoológico de Columbus, lo que tanto amaba estar entre y con los animales y dar presentaciones en shows como "Late Night With David Letterman" y "Good Morning, America."

En sus propias palabras él nos dice, "Trabajo bastante y siempre he sido entusiasta. Siempre he sido así." "Los primeros dos sucesos tuvieron gran influencia en mi vida y la última historia dice algo de mí." (Jack Hanna.)

Al final de todo sépase que, "La desgracia descubre al alma luces que la prosperidad no llega a percibir." (Blaise Pascal.)" Por eso te invito a que veamos las desgracias, luchas, obstáculos como amigos, medios que nos llevarán a nuestro destino, *como laboratorio* donde estamos invirtiendo y aprendiendo para sacar el producto deseado.

Primero Lo *'Primero'*
19

"La religión de Cristo atará y restringirá toda pasión no santificada, *estimulará hacia la energía, hacia la disciplina propia y el trabajo*, aun en las cuestiones hogareñas de la vida diaria, y nos conducirá a aprender economía, tacto, abnegación y a soportar aun las privaciones sin murmurar. El Espíritu de Cristo en el corazón será revelado en el carácter, en el que desarrollará cualidades nobles y capacidades. "Bástate mi gracia" (2 Cor. 12: 9) dice Cristo." (Dios Nos Cuida pg. 242.)

Yo primero

En esta escalera de la disciplina se establece el concepto que nada ni nadie puede hacerlo por ti, ningún mentor, ministro, padre, ningún libro, seminario, clase, curso, tienen el poder de empezar y terminar lo que te toca a ti. El concepto de "yo primero" tiene la capacidad poderosa de la elección y decisión para activar en la mente lo que quieres lograr y para que empiece a producir con una voluntad educada a tu favor.

Yo primero empieza por la elección pues tú eliges lo que quieres antes pero sigue con la decisión pues ella es la que lo lleva a su propósito. Más del noventa por ciento de los que se emocionan con temas motivacionales, positivos y altamente destinados a mover tus emociones fracasan y dejan que la oportunidad despertada se esfume pues no sembraron bien la semilla en tu síquico de que todo no es emoción sino intelectualidad mezclada con práctica. Aunque indudablemente las emociones están envueltas el verdadero éxito empieza mentalmente.

Nadie puede producir lo que no sembró primero en su vida. El concepto de "yo primero" instala en ti la filosofía que todo empieza contigo y punto. Cuando uno se hace consciente y responsable *de esto* entonces lo demás tiene sentido. La voluntad se activa y usas el poder de crear tu deseo. Yo primero se asegura que lo que busques en la vida sea tu deseo, tu visión y no la de otros, cuando esto esté confirmado tú eres el que empezaras buscando y terminaras encontrando con lo que amas.

En general la mayoría dicta lo que otros deben hacer, ordenan cosas que no creen ni practican, "Pero entre vosotros no será así. *Antes el que quiera ser grande entre vosotros, sea vuestro servidor.*" (Marcos 10:43.) La ley de los logros verdaderos y estables son aquellos que nos vieron someternos a los conceptos, ideas, filosofías, disciplinas y hábitos *propios*. Es hermoso cuando uno da el primer paso entonces contamos con el poder que influencia lo exterior. Una vida con este rumbo tendrá la brújula correcta que mantiene el barco en su rumbo. Somos responsables de establecer lo que queremos porque todo empieza con nosotros.

Se cuenta la historia que un día una madre quería que su hijo dejara de comer azúcar por su salud y como no le hacía caso lo llevó al señor Gandhi pues era su héroe. Lo llevó ante Gandhi y cuando la madre le dijo que aconsejara a su hijo que dejara de comer azúcar él dijo que regresara en tres días. La madre lo hizo cuando entró a la presencia de Gandhi le dijo al niño "deja de comer azúcar es mal para tu salud."

La madre confusa le preguntó "señor si le podía decir esto hace tres días porque esperó hasta hoy." Él contestó – "hace tres días yo también comía azúcar y no tenía la autoridad para decirle que dejara de hacerlo." Comenzar con nosotros primero es el poder que nos llevará lejos en los buenos caminos para influenciar a otros en el mundo.

 Si somos conscientes de esta verdad entonces no lamentaremos más el mal carácter, mal liderazgo, mala administración de nuestra parte, lo obeso, lenta e indisciplinada que hemos llegado a ser. Al contrario nos haremos responsables, aceptaremos que somos lo que hemos elegido y decidido ser. Nadie tiene la culpa de lo que soy, soy lo que yo soy pues he aceptado que para bien o mal todo depende y empieza conmigo.

No puedo dar lo que no tengo

"Los pastores deben amar el orden, y deben disciplinarse a sí mismos, y entonces podrán disciplinar con éxito a la iglesia de

Dios, para enseñarle a trabajar en forma armoniosa, como una compañía de soldados bien ejercitados." (El Evangelismo pg. 89.)

Intentar dar lo que no tenemos es lo más absurdo que un ser humano trate de hacer, es por ello que hay tanto conflicto en la humanidad pues tratan de ser buenos maestros, lideres, políticos, religiosos pero todo es confuso, no tienen paz, no tienen temperancia, terminan ofendiendo de una manera u otra pues al final no pueden dar lo que no tienen.

"No se proponga metas muy bajas. Quien no necesita gran cosa, no llega a ser gran cosa." (Jim Rohn.)

En la vida todo es regido por leyes universales y una de ellas es que queramos o no somos fuentes y lo que sale de nosotros es responsabilidad nuestra. Aquí también decimos que para dar algo mejor, bendecir y servir, no puede lograrse el mejor beneficio a menos que uno mismo haya escogido tener y guardar, *producir en uno antes de poder dar* de nuestro manantial personal.

Ningún acto de justicia, misericordia y amor puede salir de nosotros si intencionalmente no lo buscamos, si eso no fue lo que invertimos para tener, lograr y producir en nosotros primero es imposible ser de buen carácter y prósperos si la conciencia y nuestra bodega no fue voluntariamente, constantemente llenada de ello. Nada es casualidad y lo que la verdad insta aquí es que *no podemos dar lo que no tenemos*.

"Acaso, *¿echa alguna fuente por una misma abertura, agua dulce y amarga?*"(Santiago 3:11.)

No importa nuestra posición social esta verdad Universal ha gobernado a la humanidad desde el principio, damos lo que somos, nos elevamos y prosperamos si lo hemos logrado en el interior. Toda confusión y mentira es el resultado de dar, hacer, pedir que otros hagan si nosotros mismos no lo hemos buscado, obtenido y guardado para invertirlos en otros. "Hermanos míos, ¿puede la higuera producir aceitunas, o la vid higos? Tampoco una fuente de agua salada puede dar agua dulce." (Santiago 3:12.)

Presión sobre mí

"Hay más dificultades en esta obra que en otras ramas de negocios; *pero las lecciones que se aprenden, el tacto y la disciplina que se adquieren,* os capacitarán para otros campos de actividad, donde podáis ministrar a las almas. Los que aprenden mal sus lecciones, y son descuidados y toscos al acercarse a la gente, mostrarían los mismos defectos en sus modales, la misma falta de tacto y pericia al tratar con las mentes, si entraran en el ministerio." (El Col Portor Evangélico pg. 202,203.)

Elevarnos tiene su precio. Ser personas prosperas y gozar el éxito presente requiere someternos a presión voluntaria. Lo que decimos aquí es que cualquiera que quiera formar en si algo nuevo en carácter, profesión o familia debe primero *ponerse bajo presión de la disciplina para educarse, forjar lo que desea en su carácter o ejercitar para tener ese físico, mente o capacidad tan deseada.*

La presión personal no es una metáfora es una ley que ningún exitoso puede evitar. Si alguien quiere lograr escuchar primero antes de hablar debe ponerse presión sobre el habla, si desea ser un buen orador debe presionarse a solas para producirse. Este tipo de presión es voluntariamente decidir disciplinarse como lo haría un futbolista, un golfista, un ingeniero, un ministro.

Presión sobre uno mismo es el camino que más rápido da resultados. Si estas obeso nada de índole positiva cambiará tu físico, el mejoramiento dependerá de la presión de que des a tu boca, la nutrición que elijas y la nueva filosofía que te gobierne. Nada es gratis, todo tiene un precio y en este caso se llama disciplina escogida. *Cristo fue uno de ellos y el más grande ejemplo.* "Decía a todos: "Si alguno quiere venir en pos de mí, *niéguese a sí mismo*, tome su cruz cada día, y sígame." (Lucas 9:23.)

Presión sobre mi primero *es buscar y aplicar esa dieta* que puede darme lo que deseo, *es buscar y aplicar ese curso* que me dará el conocimiento para lograr algún objetivo, es *empezar o buscar aplicar el mejor ejercicio* para tener el físico y salud deseable. La presión no deja nada para mañana, empieza de madrugada y se acuesta muy tarde, nunca se queda pendiente tiene el poder de ponernos en acción y aprovechar cada segundo de la vida por eso tiene una agenda.

Este paso en la vida requiere una agenda donde escribir lo que no me gusta, lo que quiero cambiar y lo que me haría mejor en mi profesión. Me encanta la que dice Antony Robbins en el tema de ser mejor, dar lo mejor y elevarse en su profesión cuenta que al terminar una presentación él tiene como regla reunirse con su equipo y evaluar la presentación, que fue mal, que pudo ser mejor que puede mejorar para la próxima ocasión. Con razón es quién es y ha logrado lo que tiene. Se da presión a sí mismo para ser excelente.

Al escribir los males, hábitos incorrectos, pensamientos, rasgos de carácter y lo que no me está funcionando en mi profesión, me educo para ver cómo mejorar, superar y corregirlo. Al realizar todo eso entonces llega el momento de la práctica y empieza este nuevo estilo de vida, el concepto de *darme presión* para alcanzarlo no es otra que cosa que seguir mis disciplinas, nada ni nadie más lo puede hacer por mí.

"Si encomiendas a un hombre más de lo que puede hacer lo hará. Si solamente le encomiendas lo que puede hacer, no hará nada." **(Rudyard Kipling.)**

Exigencia de mi primero

El éxito de cada nuevo proyecto en la vida, la energía que logra impactar al mundo, nuestro círculo y aun a nuestros enemigos es el poder de exigencia, exigirnos a nosotros primero es la clave. Esta es una verdad que nadie puede revocar pues tiene el poder de callar la boca de los enemigos y llamar la atención de los que no nos ven, alegrar e inspirar a los que nos siguen.

Si uno tiene una vida pública y parte de nuestros deberes son influenciar a la gente, si constantemente estamos hablando y diciendo que hacer, exigirnos a nosotros primero, buscar practicarlo en casa primero esto llega a ser uno de los poderes que no tienen obstáculo que pueda detenernos en cualquier área, pues cuando uno se exige a si mismo primero engendra en nosotros autoridad de enseñar y en su mayoría no necesitamos pedir que lo crean, y hagan, lo hacen inspirados con nuestro ejemplo.

Pero este tipo de vida no es un milagro o al azar, es vivir en una disciplina altamente consagrada siempre a algo mejor en la vida.

No importa lo que hagas, o quieras desde el punto de vista benéfico siempre se requirirá *que ante todo tú te exijas lo máximo a ti mismo primero*. Jim Rohn lo dijo bien claro; "No se reúna con un grupo fácil; no le harán crecer. Vaya donde sean altas las exigencias y las expectativas de desempeño."

No termines el día sin preguntarte si ya has cumplido con tus deberes. Al empezar el día has evaluado tu carácter en la meditación antes de salir corriendo a pedirles a otros que hagan esto o aquello. El día no puede empezar si no has hecho tus disciplinas. La verdad es que la limpieza personal, la organización de nuestro hogar y como tratamos con quienes amanecemos diariamente dictan la veracidad de lo que buscamos o pedimos a los demás.

Las verdades son:

- que la disciplina es una religión personal,

- empieza con uno mismo

- y cuanto más presión nos demos más grande serán nuestros resultados

- saber exigirnos lo mejor da poder a nuestras palabras e influencia.

Ese día se propuso terminar con su vida y casi lo logra si un amigo no lo interrumpe. Llega la ambulancia y su vida es salvaguardada. En ese día de desgracia el nace otra vez. Ese día se dio cuenta que no era lo que deseaba, no tenía lo que añoraba, no era feliz, no producía para otros el bien y sin duda su vida no tenía sentido.

Ese día acompañado de un buen consejero amigo suyo empezó a crecer de nuevo, entendió que somos responsables de ser lo que deseamos, cambio sus conceptos y por primera vez en su vida comprendió que tenía que exigirse lo mejor para dar lo mejor. Decidió cambiar y empezó con el sí mismo.

Este joven queriendo perder todo, tirar todo y desaparecer de todo hoy es un motivador hispano, el primero que estableció un centro educativo hispano en Texas de superación personal. Es un orador de excelencia y sabe explicar que si uno se exige metas altas hay logros altos y grandes su nombres es Alex Day.

- ➢ A los 19 años, le fue otorgado el premio de " El joven más destacado de los setentas" ante la Cámara de Comercio de Texas.

- ➢ A los 23 años logró llegar a la mesa redonda del Millón de Dólares en ventas de Seguros, para la empresa American Fidelity.

- ➢ A los 25 años era ya un exitoso empresario, pues era propietario de una pequeña cadena de restaurantes, varias lavanderías y además contaba con su propia agencia de seguros en San Antonio, Texas; logrando a esta edad su Independencia Financiera.

- ➢ A los 27 años, había leído cientos de libros; tomado docenas de seminarios y aplicado la gran mayoría de estos conceptos, decidiendo entonces fundar Dey Research Institute en USA y Corporación Alex Dey en México; Empresas dedicadas al Estudio del Desarrollo del Potencial Humano y convertirse a través de los mismos en Instructor en Técnicas de Negociación y Motivador de todo tipo de personas.

Hoy en día Alex Day es reconocido como el mejor instructor de técnicas de ventas y negociación en el Mundo de Habla Hispana, autor de libros Best Seller´s y más de 13 obras en audio y video cassette´s, así como sus múltiples conferencias públicas y privadas, que han capacitado y cambiado la forma de vida y de pensar de cientos de miles de personas en el Planeta.

Enfoque
20

"Me interesa el futuro porque en el voy a pasar el resto de mi vida." (Nicolás Mancini)

La disciplina exitosa requiere Enfoque

Ninguna disciplina tiene éxito si el individuo no utiliza el enfoque a su favor. Debemos ser personas enfocadas para poder saber de antemano lo que buscamos, lo que deseamos es posible cuando el enfoque es el que dirige ese pensamiento establecido de antemano, dirige esa elección y decisión ya tomada. En este contexto, "Dios demanda el adiestramiento de las facultades mentales." (Mente Carácter y Personalidad tomo 1 pg. 105.)

Erns Neufert explicaba el enfoque en sus propias palabras al decir que, "Paradójicamente, cuanto más clara sea la manera de pensar o la visión del mundo de un artista, cuanto más madura y más duradera sea su obra, tanto más atemporal será ésta, al igual que ocurre con todo el verdadero arte." La visión, el sueño, la idea, la meta, el objetivo, proyecto dura lo que dura el enfoque dado. Su objetivo es llegar al fin, sin embargo ella cambia o termina cuan pronto finalice de obtener lo que soñaba y allí comienza otra vez con nuevos horizontes.

Cuando hay enfoque se inmortaliza la visión. Por lo tanto enfoque para una persona disciplinada es tener esa visión, una dirección firme a seguir, algo que tiene el poder de dirigir con sentido y objetivo. Todo el que no tiene enfoque es aquel que comienza pero nunca termina, todo es problema, es un obstáculo y allí se atranca. Con razón Séneca dijo, **"Nunca hay viento favorable para el que no sabe hacia dónde va"**.

El enfoque entonces es ese conocimiento que *tiene la capacidad de inspirar* a tu meta. Enfoque son esas metas y agenda que te acompañan *antes* que salieras a realizar tus ideas y deseos.

Enfoque es el mapa para llegar a tu destino. Es lo que todo humano necesita armarse antes de salir a conquistar el mundo de su deseo. Muchos fracasan al creer en Dios no porque Dios no sea Dios pero es que Dios no prospera a los haraganes y sobre todo desenfocados que no es otra que cosa que vivir indisciplinadamente, otros fracasan al ir a la universidad no porque lo aprendido no sirve sino porque no salieron enfocados a vivir, a conquistar, a lograr y ser lo que fueron a estudiar.

Lo que estamos diciendo es que toda disciplina de éxito tiene su visión mucho antes que se trate de perseguirla y ella está viva en la persona involucrada cuando sabe aplicar enfoque. Debemos ser personas de visión para tener una misión en el día, semana, mes y año. Pero enfoque es el que te mantiene caminando, llueve, truene, relampaguee ella sigue. Así es como la vida es dirigida con sentido y la disciplina tiene el mágico poder de ayudarte.

"Tu visión devendrá más clara solamente cuando mires dentro de tu corazón... Aquel que mira afuera, sueña. Quién mira en su interior, despierta." (Carl Jung.) Dime que tienes dentro de tu mente, de tu corazón, que es lo que te apasiona y dirige entonces y solo entonces sabremos lo que lograrás. Tenemos mucho trabajo psicológico que realizar y entonces triunfaremos, tendremos victorias y viviremos con sentido y alegres de ser libres de elegir lo que queremos ser. Somos lo que somos por dentro y adentro esta nuestro laboratorio, industria e institución que exporta en acciones los pasos a el éxito y logro en la vida.

Por lo tanto una persona que desea ser disciplinada tiene visión y se enfoca voluntariamente en lo que quiere, enfoque tiene en mente primero, entonces propone sus deseos, enfoque y entonces establece ideas y enfoque - las magnetiza con el horizonte buscado, enfoque - establece sus metas, enfoque - tiene una agenda organizada y enfoque - sabe que el tiempo nunca regresa por lo tanto es una persona bajo metas constantes de corta y larga duración.

En lo de estar enfocado me uno a lo que nos dijo Sir Laurence Olivier - "Tengo una visión simple de la vida: mantener los ojos abiertos y continuar." El que no lo haga se confundirá y siempre estará maldiciendo la vida por no encontrar y vivir este sencillo secreto, mantener abiertos los ojos y continuar, estar siempre enfocados. El gusto más grato del enfoque es vivir, vivir con sentido.

Si eres uno que sabe lo que significa el enfoque y su potencial entonces lo utilizarás en tus disciplinas para lograrlas, no hay disciplina que tenga logros, resultados y éxitos a menos que la acompañes de *enfoque voluntario*, un enfoque voluntario requiere una visión acogida de antemano y ella establece por elección propia del individuo una misión, es entonces que ese individuo trabaja, tiene algo que hacer y nunca, nunca está ocioso en la vida pues el enfoque siempre lo mantiene en camino.

Para tener y lograr estar enfocados lo dijo Stephen Covey. "Tenemos mayor necesidad de una visión, una meta y una brújula (un conjunto de principios o instrucciones), y menos necesidad de un mapa de ruta."

El enfoque debe tener Significado

Bien muchos llegan a lograr el enfoque pero se cansan y dejan de lograr o no llegan a su meta. Porqué. Para mantener la visión en camino sin estancarse necesitamos enfoque, sin embargo la duración del enfoque siempre *está relacionada al significado que tenga lo que se busque*. Si no tiene el suficiente valor o significado no tendremos la suficiente razón para luchar, pelear por lo deseado. Siempre el enfoque verdadero dura de acuerdo al valor que tenga la razón de lucha, eso es lo que hace que disciplina no duela, no moleste, no canse, etc.

El significado es tener un ideal elevado, tener una meta noble, esa visión digna que tenga una esencia que de vida, que beneficie a la humanidad, que infunda valor, esperanza, amor y posibilidad en cada ser humano. Un enfoque que contribuya a creer y ser completo. Es eso lo que hace que sea realizada con sentido la meta buscada. James Allen ya nos lo dijo, "Aquel que lleva en el corazón una visión maravillosa, un ideal noble, algún día lo realizará."

"¡Tú conoces las montañas! ¡Tienes que hacerlo!" Gladys Aylward miró fijamente al oficial intentando entender las implicaciones de sus palabras. Nadie en realidad esperaba que aceptara el desafío; no solo por el hecho de ser mujer soltera y extranjera, sino también porque los japoneses habían puesto precio a su cabeza. Gladys miró fugazmente a los niños que jugaban detrás del ejército chino y lentamente asintió con su cabeza. La defensiva china se estaba viniendo abajo ante el feroz ataque de las fuerzas japonesas y el país estaba sumido en el caos. Separados de sus familias por la guerra, la vida de cien niños estaba en peligro debido al avance del ejército japonés. Gladys accedió a conducirles a través de unas montañas plagadas de peligros hasta una zona segura. ¿Si esto no es amor a lo que amas entonces qué es?

Su conocimiento de las montañas lo debía a la etapa en la que trabajó como inspectora de gobierno. Gladys solía desplazarse a pie, de aldea en aldea, para comprobar que se cumpliese la ley que prohibía la antigua costumbre de vendar los pies de las niñas para limitar su crecimiento. Al mismo tiempo predicaba el Evangelio en forma no oficial. Gladys era muy conocida y respetada en toda aquella provincia, lo cual le permitía trabajar en su llamado misionero en una vasta área. Y aunque nunca había dudado de su llamado a China. Sin embargo sin enfoque y amor jamás hubiera logrado la travesía y su logro que la hizo famosa.

Cuando en verdad amas algo no tienes límites, no tienes miedo, no hay obstáculos, solo objetivos dignos de nuestra fuerza, mente, pasión y vida si es posible así como fue con esta misionera. Está comprobado que luchamos por lo que amamos y sin ese amor a algo no se promete que logres llegar a tu meta. Así que en el camino de esta vida solo apoya lo que te gusta, amas, lo que deseas con toda el alma y estás dispuesto *a dar tu vida por ello*, eso hace que tu logres tu razón de existencia. Ese solo principio es lo que te llevara más allá de lo deseado fuera de ello solo estás dando una vuelta en el parque de tu vida.

Si comienzas algo y no lo terminas no es que no sea importante lo que ocurre es que no tiene el suficiente significado de parte de ti para que tu des lo mejor de ti. *Así que antes de empezar algo pregúntate si eso es lo que quieres, si eso es lo que amas, si tiene suficiente significado para que tú des tu todo en el transcurso de sus exigencias.*

Por más que busqué otra palabra para describir la importancia de la palabra "significado en el enfoque" solo he encontrado *que ella es una ley* en el contexto de los logros verdaderos. No podrás tener éxito a menos que apliques la ley del significado elevado en las metas establecidas. Por lo tanto toda persona y, "Los líderes crean una visión con significado, una visión relevante, que coloca a todos los jugadores en el centro de las cosas en lugar de la periferia." (Warren Bennis.)

Nuestra atención, visión y misión de vida al final para tener éxito solo estará enfocada en lo que uno quiere, en lo que uno ama, en lo que es de valor para nosotros y ese logro no puede producirse por nadie más es una responsabilidad de cada ser humano que quiere vivir bajo la disciplina inteligente, le pone significado a sus metas y objetivos por ello él o ella son exitosos.

Evaluación

"Enfrentemos nuestros obstáculos y hagamos algo con ellos. Descubriremos que no son la mitad de difíciles de lo que pensamos que eran." (Norman Vincent Peale.)

En este estilo de vida requiere que uno tenga una mente abierta, dispuesta a reconocer conocimiento y corregir cualquier información que no esté dando los resultados deseados. En otras palabras se asegura que su filosofía sea la correcta, la que lo llevará a dónde quiere llegar. Entonces la evaluación constante es necesaria. El primer paso en nuestro caso es evaluar nuestra vida, área por área para saber que necesitamos mejorar, cambiar o reiniciar para lograr lo que tanto anhelamos.

La evaluación tiene el poder de encontrar la verdad, ella es clara en lo que busca. En ocasiones es cruel por que no esconde la realidad. (Lucían Blaga) nos lo dijo de la siguiente manera, "Quizás ver al presente en colores más oscuros de lo que tiene realmente es un deber; porque de ésta visión puede brotar una lucha con más determinación para mejorar las cosas."

El enfoque vive donde hay evaluación, ella solo puede venir de personas responsables, individuos que saben que deben estar constantemente repasando su vida, carácter y visión para llegar a su destino. Ellos se sumergen a la evaluación que revisa el carácter, la profesión, las metas que se tenga en la vida, las estrategias, gastos, los fondos para que se logre.

Cuando algo propuesto se realiza todo lo que se debe hacer entonces es aplicar el siguiente consejo. "Si una clase de disciplina no produce los resultados deseados, inténtese otro plan y obsérvense cuidadosamente los resultados." (Conducción del Niño pg. 222.) La evaluación es de suma importancia en el logro de los deseos.

En verdad, estas personas saben poner todo en la mesa antes de empezar o continuar. No se engañan pues saben que en la vida el tiempo no regresa, los fondos son recuperables pero hacen todo para dar pasos seguros para llegar a donde se propusieron. Aplican la evolución para estar caminando correctamente porque quieren llegar a su meta y no a donde otros quieres o esperan sino a donde ellos decidieron llegar.

Este tipo de personas saben que todo tiene su lugar y tiempo pero nada comienza en la vida de una persona altamente disciplinada si no establece la disciplina de la evaluación y si no la usa e incremente tarde que temprano se queda estancado pues aun el éxito o triunfo en su momento destruye. Evaluación es parte de la vida de los grandes y exitosos hombres.

"La creación de una visión del mundo es el trabajo de una generación más que de una persona, pero cada uno de nosotros, para bien o para mal, añade su propio ladrillo." (**John Dos Passos.**)

Cualquier vida de éxito se notará que la evaluación era parte de su educación, conocimiento y secreto para los logros de vidas prosperas. Ellos en este estilo de vida han hecho sus propios milagros, recuerda que el poder del milagro es "creer" y "creer". ¿Lo crees? La historia del mundo es un ejemplo de cómo la evaluación constante nos ha llevado de generación a generación, nuevos retos, sobrevivencias, éxitos, fracasos, estancamientos, logros y para poder llegar a donde estamos como sociedad ella es el proceso y no es de esperarse que si deseamos evolucionar como individuos a algo mejor debemos inmediatamente evaluarnos y aceptar nuestras realidades para saber cuál es la parte que nos corresponde.

El poder de la evaluación fue transparente en la vida de un gran inventor llamado Thomas Edison. Ella le dio el gran privilegio y oportunidad de estar entre los grandes que han bendecido a esta humanidad. Su vida tubo sentido y mucho éxito. Por aplicar el enfoque concentrado y vivido bajo continua evaluación él pudo en su actividad ir más allá de los ochenta años, completando la lista de sus realizaciones tecnológicas hasta totalizar las 1.093 patentes que llegó a registrar en vida.

Estos logros, inventos y bendiciones al mundo no fueron el resultado de pereza, inconsistencia y dejar las cosas para más tarde, ni mucho menos sucumbir en los problemas. Fue gracias a que pudo mantener un enfoque desde los 10 años y sumergido al poder de la evaluación más de mil inventos se lograron y un nombre de fama que hicieron prosperar al mundo.

Como siempre son la minoría los que descubren esta verdad aquí expuesta. Sé uno de ellos y goza lo que de otra manera nunca llegará. "Es una lástima que la mayor parte de la humanidad tenga una visión mental tan limitada a la hora de sopesar con calma y con inteligencia aquellos fenómenos aislados, vistos y sentidos sólo por unas pocas personas psíquicamente sensibles, que acontecen más allá de la experiencia común." (Howard Phillips Lovecraft.)

La evaluación puede realizarse con la agenda en la mano, ese cuaderno de notas, hoy es más fácil que nunca con esa computadora, notebook, celulares, smartphones, Tableta, etc. Hay un sin número de maneras en que podemos dedicar todos los días unos minutos ya sea antes de dormir o levantándonos en la mañana como primer evento en el día como lo dice Sthephan Cobey o John C. Maxwell en sus Best Sellers.

Tomarnos tiempo para evaluarnos es oro, es poder, es conocimiento que no podemos desperdiciar. Hacerlo nos dirá dónde estamos, que necesitamos, que es necesario corregir y a donde podemos llegar. Hacerlo también nos da la seguridad que estamos en el camino seguro o que el objetivo es lo planeado de antemano.

Por lo tanto el enfoque es, "La única cualidad que define a los líderes es su capacidad para crear y hacer realidad una visión." **(Warren Bennis.) Todo esto es imposible si no se viste de disciplina, ella debe elegirse voluntariamente, ella debe tener** enfoque, ella debe tener significado y su filosofía es yo primero para poder dar a otros. **Este es el mundo de una vida disciplinada.**

¿Te registrarás en la lista de los disciplinados o seguirás en el libro de todos los que viven por vivir y sin rumbo o destino?

La Disciplina De La Vida
21

"La vida es una disciplina." (Joyas de los Testimonios tomo 2 pg.113.)

La disciplina es una parte de la vida:

Aceptado o no la disciplina al final nos visita a todos. La disciplina es parte de la vida nos guste o no. La gran diferencia está en que detectada y aceptada de antemano nos ayuda, nos hace, nos corrige y nos da forma, forma en nosotros un destino.

Negarla, ser indiferentes y seguir lo que nos gusta sin respetarla nos trae finalmente *la disciplina universal* aplicada por la vida misma, forma en que el mismo universo busca rescatarnos por el camino del sufrimiento, experiencias dolorosas, reveses y tremendas amonestaciones.

Es ley universal:

La disciplina tarde que temprano nos encuentra y confusión causa en aquellos que nunca la han reconocido ni mucho menos apreciada. Son sorprendidos cuando ella visita en el camino de todos los vivientes. Básicamente lo que estamos diciendo es que la disciplina universalmente se manifiesta a cada uno en muchas maneras buscando salvarnos, reorientarnos, guiarnos de vuelta al camino o mostrarnos el sendero correcto de vida para nosotros.

Es una ley universal que en algún momento de la vida nos atrapa e involucra en la disciplina dándole nosotros el nombre de problemas, obstáculos, accidentes, circunstancias deplorables, depresión, tristeza, miseria, fracaso, tropiezo, amargura, dolor. Esto que estamos diciendo aquí ha sido vista en Patrick Swayze, Britny Spears , Dennis Hopper, Cynthia Nixon y Rock Hudson que al analizar sus vidas vemos todos esos reveses como llamados de atención o los resultados de no hacer caso a las oportunidades de la vida de corregir.

Esta ley es tan real como lo es la importancia de la salud, no nos damos cuenta de ella hasta que nos dicen que estamos enfermos, enfermos con cáncer, visitados por un ataque al corazón, un accidente que nos dejó sin poder movilizarnos, esa confusión emocional por muy malas elecciones, o ese bebe sin haberlo planeado y sin estar casados etc. En verdad existe y ella visita a todos en algún momento de la vida.

Los que no aceptan la disciplina:

Las personas que no aceptan esta disciplina de la vida con frecuencia expresan frases al ser visitados por ella, como 'nadie me entiende', 'no sirvo para nada", '¿dónde está Dios?', "la vida es dura", 'todo es imposible', 'nadie me quiere', ¿Por qué a mí?, etc. Entre los nombres que han llamado la atención de esta verdad están el rey Saúl quien la disciplina no lo pudo rescatar, perdió el reino, su familia y finalmente su vida, Sansón perdió todo por rebelde y Salomón en mi humilde opinión el libro del Eclesiastés en la biblia es una expresión en los primeros capítulos de su disolución con la vida, con los problemas y experiencias al punto que dijo que todo era vanidad. Perdió el rumbo y cayó muy muy bajo.

Todo esto no es otra cosa que tú encuentro con la ley de la disciplina universal. Esta ley tiene el mismo poder de aquel que se golpeó de poder sanar, aquel que lloró de poder reír, aquel que cayó de poder levantarse pues ella es en última instancia la que desea hacernos hacer conciencia, ponernos en paz con nosotros, reconectarnos con nuestro Creador, ser lo que no hemos podido ser, restaurar en nosotros esa posibilidad de la vida de un ser feliz y libre.

Esta verdad fue declarada en la nación judía antes y después de Cristo. En el periodo de los Césares con Roma y ahora en nuestra propia nación norteamericana con sus sin números de enfermedades y desgracias. "Esto representa la severa disciplina de Dios. "Con frecuencia hay rebelión, entonces la disciplina de Dios debe continuar hasta que se quebranta la terca voluntad y se logra la finalidad buscada." – (A Fin de Conocerle pg. 283.)

Esta ley no obliga solo trata de rescatarnos:

Pero aunque es una ley no puede forzar en nosotros lo que no queremos, solo nos informa por última vez de lo que podría ser. Es allí donde nuevamente todo está en poder elegir o fracasar para siempre. En última instancia ella solo trata de despertar nuestra conciencia tal como Jesús hizo con el joven rico, despertar su conciencia pero la decisión de seguirlo o no era de él. Uno de los grandes apóstoles lo vivió para bien, Pedro. Un gran Profeta lo experimentó, Isaías ellos dejaron ser rescatados.

La disciplina universal es la oportunidad de la elección, la última puerta que podremos ver y tocar. Nadie será culpable de nuestro fin más que nosotros mismos y que solemne pensamiento es este. Por lo tanto recordemos que, **"La tentación, la pobreza, la adversidad son la disciplina que se necesita para desarrollar pureza y firmeza."** (El Deseado de Todas las Gentes pg. 52.)

Adrian Peterson un gran jugador profesional. Nació en Palestina, Texas, sus padres son Nelson Peterson y Bonita Jackson. Ha sufrido crisis y problemas graves, duros y retadores.

- Con tan solo 13 años cuando su padre fue condenado a diez años de prisión por blanqueo de dinero relacionado con tráfico de drogas.
- Nelson Peterson estuvo casi ocho años en la cárcel, salió en libertad en Octubre de 2006.
- El hermano de Adrian Peterson, Brian, murió cuando tenía nueve años arrollado por un conductor ebrio mientras montaba en bicicleta.
- Su hermanastro, Chris Paris, murió por disparo de arma de fuego en Houston, Texas, en el 2007.
- Sufrió una dislocación de hombro.
- Un esguince en el tobillo.
- Adrian Peterson se fracturó la clavícula al caer en la zona de anotación después de una carrera de 53 yardas. En el deporte al que se apasiona esto que le ocurrió es como la muerte.

Estas desgracias, problemas y crisis para muchos solo han hecho de él un triunfador. No se dejó derrocar por la disciplina de la vida.

Nació en una familia deportiva pues su padre fue jugador de baloncesto en la Universidad Estatal de Idaho, y su madre era velocista de pista y compitió en la Universidad de Houston. Su tío, Ivory Lee Brown, jugó una temporada en la NFL para los Phoenix Cardinals en 1992.

Después de muchas victorias menores en su ámbito de jugador su más recientes logros lo dicen todo, el que sabe aprender y persistir en la disciplina universal que visita para bien sabe triunfar en lo que sea.

- 2007 AP novato del año de la NFL
- 2007 Novato Pepsi de la NFL
- 2007 Segundo equip All-Pro
- 2007 Pro Bowl MVP
- 2007 Pro Bowl
- 2008 Pro Bowl
- 2008 Best Breakthrough Athlete ESPY Award
- 2008 Título de más yardas por carrera con 1,760
- 2008 Primer equip All-Pro
- 2008 FedEx Ground jugador del año
- 2009 Pro Bowl
- 2009 Primer equip All-Pro
- 2010 Pro Bowl
- 2010 Segundo equip All-Pro

Records de la NFL

- Más juegos de 200 yardas por tierra para un novato (2)

- ✓ Más yardas por carrera en los primeros ocho partidos (1,036)
- ✓ Más yardas por carrera en un solo juego (296)
- ✓ Segundo novato en obtener la nominación de jugador más valioso en un Pro Bowl (Marshall Faulk en 1994)

Su filosofía es: "Soy un jugador que viene con la determinación de cambiar un equipo, Quiero ayudar a mi equipo a llegar a los playoffs, y ganar. Quiero llevar a la gente al estadio. Quiero que la gente entre al juego para ver lo que puedo hacer. Cosas como las que pueden cambiar la actitud de una organización. Quiero ganar". Más tarde le dijo al Star Tribune, en una entrevista, "yo quiero ser el mejor jugador en jugar a este deporte."

Uno de sus ejemplos de sus ganancias por persistir y no sumergirse en la disciplina de la vida es que, casi tres meses después de haber sido reclutado, firmó con los Vikingos el 29 de Julio de 2007. Firmó por $ 40,5 millones de dólares por cinco años, con $ 17 millones de dólares garantizados. Ah y en algún momento ha sido Peterson comparado con Eric Dickerson, otro gran jugador.

Las disciplinas de la vida no te destruyen te forma y te la oportunidad de que manifiestes al mundo quien eres en verdad. Hazlo y se un triunfador feliz al vivir con la disciplina universal.

El Libro Antiguo Lo Enseña 22

La disciplina como ley universal no es una teoría vaga, es un principio enseñado por la Biblia, el libro que como libro de texto ha forjado caracteres que siguen siendo modelos sorprendentes y posibilidades inspiradoras. Algunos versículos nos pueden ayudar a ver que la disciplina es al final universal y un asunto donde lo Divino interviene a favor de seres humanos que de otra manera no tuvieran la oportunidad de rescatar la bendición de venir a este mundo.

El que la reconoce tiene vida, ¡Wow que promesa!

- "El que atiende la disciplina está en el camino de la vida," (Proverbio 10:17.) Esta bendición fue vivida por el joven José. La disciplina de confiar en Dios, en sí mismo y utilizar cualquier circunstancia fue la que siempre le abrió la puerta a grandes oportunidades hasta que le dio el trono de Egipto. Llego a ser un poderoso en el mundo no fue lo de rodillas y oración, o hombre pensamientos positivos, su mentalidad fue manifestada en su capacidad de dirigir al mundo por medio de Egipto en un tiempo de gran crisis.

Reconocerla es la mina de oro Divino para nosotros.

- "Reconoce también en tu corazón, que como el hombre disciplina a su hijo, así el Eterno tu Dios te disciplina a ti." (Deuteronomio 8:5.) Daniel fue otro hombre que se sometió a la disciplina del Cielo. Mientras su nación fue caída en cautiverio, él fue enviado como esclavo a un país extranjero. Sometido a la disciplina voluntariamente la utilizó para llegar a ser un consejero, ministro y líder en su nación adoptiva. Vivió el éxito en dos imperios, Babilonia y Medo y Persia. Que contigo. Que eres y donde estas, eres lo que debes ser o solo estas paseando en la vida.

Sé inteligente, no menosprecies la disciplina.

- "Por tanto, no menosprecies la disciplina del Todopoderoso." (Job 5:17.) Indiscutiblemente Job no ignoró esta bendición de la vida. El someterse a esta disciplina comprobó que no importando las circunstancias se puede ser fiel a su cometido. No despreciar esta bendición de la disciplina hizo que sus reveses lo bendijeran y multiplicaran sus pertenencias para llegar a ser el más rico de su tiempo. No solo debemos ser orgullosamente hijos de Dios y bendecidos por disciplinas sino ricos, aptos de administrar el dinero. El dinero es una bendición pero sucede que el cielo solo se lo da a los que saben administrarlo cuando aprenden y aprecian las disciplinas de la vida como hizo Job.

Los que aman y aplican la disciplina se vuelven sabios.

- "El que ama la disciplina, ama la sabiduría," (Proverbio 12:1.) Esto fue lo que vivieron los que acompañaron a David al ser perseguido por sus enemigos. Compartieron la disciplina y llegaron a ser grandes como su líder David. Sus historias están en - 2 de Samuel 23. Es imposible no ser alguien de valor y bendición en esta vida.

Todo el que es indiferente a la bendición de la disciplina quiere su destrucción de sí mismo.

- "El que tiene en poco la disciplina, se menosprecia a sí mismo;" (Proverbio 15:32.) Judas es un buen ejemplo de esto. No soportar la disciplina – el no negarse a sí mismo como los demás discípulos lo llevó a la más grande desgracia de su vida. La muerte. Muchos de nosotros no ve realizados sus metas, sus ideas y planes por egoístas. Como el mueren sin éxito, sin triunfo y victorias por egoístas y por no hacer caso a los consejos.

Proponte adquirir todo lo bueno y en ella incluye la disciplina.

- "Adquiere sabiduría, disciplina e inteligencia" (Proverbio 23:23.) Salomón en sus reveses de la vida se propuso aprender de las desgracias y lo logró, allí tienes el libro de

(Proverbios y Eclesiastés.) en tu caso y mi experiencia que tenemos para demostrar que hemos aprendido de la vida. Usemos nuestras experiencias para bendecir a otros.

La disciplina es un hábito adquirido, es una vida continua de deberes y cumplimiento de responsabilidades.

- "Trato severamente a mi cuerpo, y lo someto a disciplina, no sea que, habiendo predicado a otros, yo mismo sea descalificado." (1 Corintios 9:27.) Está demostrado en la vida del apóstol Pablo. Lee Filipenses 3.

No olvidemos el poder que tiene la disciplina, es para nuestro bien y viene de Dios.

- "Y ya habéis olvidado la exhortación que como a hijos os dirige el Señor, al decir: "Hijo mío, no menosprecies la disciplina del Señor, ni desmayes cuando eres reprendido por él." (Hebreos 12:5.) La historia de Jonás, Pedro, Noemí y Ester describen su biografía con lujo de detalles el bien de la disciplina.

Duele y requiere un cambio de vida, es difícil y pedir, pero al final da resultados, hace feliz e inspira para seguir hasta al fin.

- "Es verdad que al presente, ninguna disciplina parece ser motivo de gozo, sino de tristeza, pero después da fruto apacible de justicia a los que en ella son ejercitados." – (Hebreos 12:11.) Demostrado en la vida de Jacob.

Por naturaleza a nadie le gusta las disciplina pero si las seguimos cosecharemos abundantemente las cosas que deseamos y con creces.

El fin de todos los indisciplinados es terrible.

- "No escuchó la voz, ni recibió la disciplina; no confió en el Eterno, ni se acercó a su Dios." (Sofonías 3:2.) El rey Acab, Saúl, los hijos de Aarón, Elí, son ejemplos de esta verdad. Quien no aprende tropieza, fracasa y finalmente si no aprende muere.

La falta de disciplina es lo que trae muerte en todo sentido, a la vida, a los deseos, metas, etc.

- "Morirá por falta de disciplina," (Proverbio 5:23.) Judas, Jezabel, los hijos de Aarón, Elí, Amán, Absalón, Herodes en los días de Cristo son ejemplos de esta verdad.

La disciplina universal tiene como fin hacernos volver en sí, crear la oportunidad de ver, tener y utilizar nuestras facultades, capacidades y fuerzas para volvernos a nuestros "sentidos" o una oportunidad más de forjar un carácter que pueda realizarse en el mundo en el que vive. Sin embargo si después de esta última oportunidad no prestamos atención, la ignoramos ella nos deja a merced de las consecuencias de nuestra ignorancia, terquedad y estupidez.

"**Todos los que están capacitados para ser de utilidad deben ser educados mediante la más severa disciplina mental y moral; y Dios les ayudará, uniendo su poder Divino al esfuerzo humano.**" **(Patriarcas y Profetas pg. 255.)**

Enemigos De La Disciplina
23

Conocimiento no aplicado

Hay muchos enemigos en la vida de todo lo bueno, de todo lo que vale la pena siempre existe alguien o algo en su contra. Aquí solo nombraremos algunos. El enemigo número uno de la disciplina es el conocimiento no aplicado. El conocimiento acumulado sin acción es un vacío en la vida.

Si uno es informado de una buena idea, práctica, un buen hábito, información que mejora el carácter, empresa, iglesia, proyecto sin practicarlo o someterlo a la acción es como retroceder de lo que ya es posible. Conocimiento que no se practica obstaculiza el avance de cualquier otra forma de posibilidad y logro del individuo u organización.

Murallas de protección deben ser elevadas contra esta pereza intelectual que lo retira a uno temprano de la carrera, del futuro prometedor y de esas oportunidades que tocan a la puerta de todos aquellos que aman el avance, el progreso de sus sueños. Pero levantar esas murallas requiere muchas acciones de bien, de práctica y una voluntad inquebrantable que es solo lograda por disciplina inteligentemente aplicada.

Conocimiento no aplicado es lo más cruel que uno puede permitir en uno mismo. Es como un hombre con mucha hambre cargando un costal de granos en la espalda. Tener conocimiento sin practicarlo es estar a la deriva del Océano sin usar el salvavidas a la mano solo porque no quiso usarse.

En breve cualquier información buena y sana sin aplicarla es tener la vida en nuestras propias manos y sin embargo nos dejamos morir por pereza, nos dejamos pisotear por todo eso que nos visita como obstáculo solo por no aplicar el conocimiento que nos daría alegría, gozo de saber que en esta vida lo más poderoso no es el conocimiento sino la práctica de él.

Esta linda verdad ha hecho posible pocos empresarios de renombre, economistas famosos, técnicos exitosos, moralistas destacados, políticos capaces, ministros bendecidos, doctores talentosos no porque no podían otros, ni porque no se tenía dinero, una familia acaudalada y socialmente estable sino por la sencilla verdad que no pusieron en práctica el conocimiento ya adquirido en las escuelas, universidades y en la vida.

Los que han hecho historia en cualquier materia, índole y capacidad son los que aman la práctica de lo que reciben en esta vida bajo cualquier forma de información, sabiduría, conocimiento, inteligencia y verdades que han hecho y pueden hacer hombres y mujeres de reputación.

Estos son como Nikola Tesla todo está programado, su conocimiento es en si la energía que crea en su mente y luego en la realidad lo ve concebido. Este gran inventor lo dijo así: "todo lo que invento funciona como lo he imaginado, la experimentación se desarrolla tal como estaba previsto".

Recibió en vida numerosas distinciones académicas de universidades americanas y de otros países:
- la medalla John Scott
- la medalla Edison, considerada como el mayor reconocimiento en el terreno eléctrico
- numerosos premios otorgados por los gobiernos europeos

Pero no será hasta 1975 que su nombre entrara a formar parte del Panteón de Inventores Americanos.

El no practicar el conocimiento adquirido no es algo nuevo y la Biblia viendo por los ojos de las verdades universales aconseja, "Pero sed cumplidores de la Palabra, y no sólo oidores, engañándoos a vosotros mismos." (Santiago 1:22.) Todo el que sabe, oye, y recibe conocimiento y no lo practica se engaña así mismo y no tiene derecho a pedir, esperar y rogar a la vida que le dé más de lo que no aprecia.

'Lo haré más tarde'

Una de las mentiras y frase engañosa es la que muchos dicen al despertar su conciencia, obtener conocimiento, estos no niegan que es buena, que pueden hacer la reforma, el cambio, sin embargo ellos se engañan diciendo que 'lo hare más tarde', frase que entierra ese conocimiento en la tumba del olvido. En realidad expresan algo que no harán más tarde porque no es lo suficientemente importante para empezar ahora, hoy. Estas personas viven siempre la dilación.

Lamentablemente hay un buen porcentaje de esta gente que atesta los seminarios de motivación, liderazgo, charlas inspiradoras, instructivas, iglesias, sermones, música, palabra Divina y lugares de instrucción general como la escuela, colegio y la universidad, la frase más popular de ellos es 'lo haré más tarde', el tarde que nunca llega pues solo debemos darle un buen vistazo a nuestra sociedad y lo confirmaremos. Ellos les encantan aplazar todo. No caigamos en ello.

Lo haré más tarde es lo que nos permite ver una gran mayoría que va y se educa, sale de la universidad pero como siempre todo 'lo hará más tarde', así que se vuelve uno de la masa que trata de vivir en el engaño de lo que aprendió requiere más tiempo para pensar, y pensar hasta que se le olvida lo que ya supo y vuelve a pensar y desear, lo hará más tarde nunca llega, y es así como muchos de ellos termina en otra profesión, empleo y trabajo por el cual nunca se educaron. En muchos casos, casos fracasados.

Es lamentable como abundan este tipo de personas, individuos que tienen buena educación, buenas intenciones, y desean algo mejor, pero eso es todo lo que tienen. Decir 'lo haré más tarde' cuando uno no tiene mejor vida, demuestra burla al conocimiento obtenido, la indiferencia a las oportunidades en la puerta de la vida nuestra. Todo es dilatado por voluntad propia. Que desgracia más grande la existencia de su vida en pausas.

El consejo es, aléjate de esa frase si quieres salir de donde estás, nada que es importante es para hacerlo más tarde. Lo peor es que estas personas siempre se quejan que la vida es mala, solo estos y aquellos pueden, otros lo logran dicen 'porque ellos tienen dinero y yo no" etc. *Si supieran que lo único que necesitan es empezar a practicar lo que si saben no lo que desean saber o piensan no poseer.*

Por lo tanto 'lo haré más tarde' es un enemigo peligroso del cual debemos correr. Alejarnos de él nos dará la ventaja de avanzar, finalmente se practica lo que si sabemos si es lo suficientemente importante. Recuerda, lo que es importante es prioritario y lo que es prioritario no puede esperar, no cree en la dilación. He allí la clave para aplicar lo que hará crecer nuestros caracteres, personalidades, espiritualidad, economía y relaciones humanas. Todos estos resultados son la cosecha de aplicar cualquier conocimiento que nos lleva a ello. No es gratis, no es al azar, pide tiempo y atención como energía para llegar a realizarse. Indiscutiblemente la voluntad está detrás del éxito de ello.

Estos que saben decir 'lo haré más tarde' son reproducciones de un líder civil, Félix en la Biblia, sus palabras demuestran el tipo de hombre que era, con una gran oportunidad y posición pero ejemplo del fracaso anticipado, "Pero cuando Pablo le habló de la justicia, del dominio propio y del juicio venidero, Félix se espantó, y le dijo: **"Ahora vete, y cuando tenga oportunidad te llamaré".** (Hechos 24:25.) En lugar de enfrentar la realidad y reconocer la importancia del cambio que se esperaba de él, no quiso y aplicó lo que le encanta a la mayoría, lo más fácil la dilación. 'Lo haré más tarde' - expresó pero nunca ocurrió.

En esta historia de este gobernador Félix y Saulo cuando fueron enfrentados con la verdad que salva y eleva vemos a la humanidad, uno tomando la acción necesaria e inmediata y el otro dejándolo para el futuro que nunca llegaría. Seamos en nuestras convicciones hombres como Pablo al recibir el llamado – conocimiento, inmediatamente expresó, "que quieres que haga" – el conocimiento en acción inmediata. (Hechos 9:6.)

Los 'No tengo'

Otro de los enemigos de la gente altamente disciplinada el 'no tengo', ellos siempre buscan otras cosas, medios, formas ignorando lo que sí tienen. Los 'no tengo' sobreabundan en esta vida. Esta gente no importa donde viva ya sea en el mundo tercermundista, o en los países altamente desarrollados no importa las oportunidades y conocimiento que tengan siempre saben decir 'no tengo porque si lo tuviera haría esto y aquello, que lástima que no tengo esto, él o ella lo logró porque mira sus padres, es que tienen dinero, etc.'

Esto de 'no tengo' es una mentira construida por su propia cobardía, falta de intuición, liderazgo y creatividad, *los que tienen éxito jamás de los jamases dependen de lo que no tienen sino al contrario usan lo que sí tienen,* encuentran el valor del conocimiento, de sus talentos, capacidades, tiempo y sobre todo el don de la vida.

Su nombre es Phyllis Diller no tenía fama, dinero y apoyo de una familia para ser lo que deseaba ser, actriz.

- Fue despedida de su primer empleo como comediante.
- Fue despedida de un show en New York.
- Fue despedida de una obra en Florida.
- Sin tener hogar vivió en un hotel barato.

En sus palabras ella nos cuenta, "Durante los primeros cinco años de mi carrera como actriz cómica fui literalmente una "persona desamparada". Yo no tenía hogar. Donde quiera que tuviera un trabajo allí era donde estaba mi hogar "temporal".

Ella no dependió de lo que no tenía sino que uso lo que si tenía, tenía el deseo de ser alguien, tenía bien claro que deseaba, no tenía dinero si amigos para subir el escalón de la fama pero si tenía ambición, sueños, talento, voluntad y vida para lograr ser alguien. Llegó a ser una gran figura como actriz cómica y autora. La victoria, el éxito, el triunfo es el éxito de los que saben usar lo que tienen y nunca depender de lo que no tienen.

Las personas que triunfan son las que odian decir 'no tengo'. *Ellos usan lo que sí tienen, dependen de la vida que está en sus manos, la educación no es un problema, el dinero o la posición social.* Los verdaderos hombres y mujeres exitosos ellos son lo que tienen y tendrán lo que son.

No tengo tiempo

Las personas ignorantes y de seguro no disciplinadas no aprecian el tiempo, el tiempo es uno de los recursos naturales que todo ser humano posee. El Cielo se lo dio a todos y lo más interesante es que los grandes empresarios, líderes de toda índole es lo que descubren como esencial en todo lo que ejecutan y no tanto el dinero, eso es secundario. Repito el tiempo es más importante que el dinero y quien lo sabe usar siempre tendrá lo que quiere.

El tiempo en la vida de un ser humano disciplinado es oro, es oportunidad, es la fuente de toda oportunidad y posibilidad. Así que no pierdas tu tiempo diciendo que no tienes esto o aquello porque si quieres todo lo que necesites en verdad vendrá y para empezar créeme que el valor del tiempo abrirá la oportunidad de todo lo demás si sabes usar tu tiempo al máximo.

Recuerda todos tienen el mismo tiempo cada día de 24 horas diarias y tú no eres la excepción, disfrutamos de la misma bendición cada semana, cada año. El tiempo es de suma importancia y lo más interesante el tiempo es gratis y no requiere capital más que nuestro ingenio para usarlo.

El tiempo puede ser dividido de muchas maneras y usarse al máximo. Alguien dijo que las 24 horas pueden ser divididas así:

8 horas para trabajar.

8 horas para estudiar.

8 horas para dormir.

Un segundo ejemplo es:

8 horas para trabajar, empleo.

8 horas para estudiar, puede ser dividido en secciones

- 4 para colegio, universidad. Para cubrir cuatro materias o más materias.
- 1 para leer un libro o libros personales,
- 1 para aplicar el conocimiento, un hobby.
- 1 aprender algo nuevo
- 1 repasar materias.

8 horas para descansar o dormir
- 6 para dormir.
- 1 para ejercicio
- 1 para la familia o algo personal

Todo tenemos tiempo y podemos disfrutarlo. Jesucristo entendió la importancia que tiene el tiempo en nuestra vida: "Me es necesario hacer las obras del que me envió, *entre tanto que el día dura; la noche viene, cuando nadie puede trabajar.*" (Juan 9: 4.)

No tengo Dinero

'NO tengo dinero' por eso no comienzo este proyecto, negocio y otras cosas que según el concepto convencional tiene que tener uno dinero. Esto es falso en el contexto que cuando uno de verdad quiere algo nada es imposible. Es posible que lo que desees requiera dinero pero no necesariamente sea el único medio para obtenerlo.

La vida es justa, la vida es una fuente de oportunidades y por lo tanto el dinero no es la fuente para poder adquirir algo en la vida. Tenemos mucho más que dinero que bien usado nos ayudaría invertirlo en lo que deseamos o nos ayudaría adquirir el dinero que se necesite.

Es asunto de reconocer primero que todo no necesariamente puede obtenerse con dinero y segundo que tenemos como humanos todos los recursos naturales para invertirlos en algún oficio, profesión que nos pueda dar el "dinero" que necesitemos. Siempre hay una manera de adquirir algo sin la manera convencional de realizarlo.

Por lo tanto aquí abogamos que se pueden lograr las cosas sin dinero usando y aplicando los recursos naturales como el tiempo, talentos, capacidades, conocimientos que abren las puertas de los imposibles y nos dan al final el dinero necesitado o lo que deseamos sin el dinero que originalmente se necesitaba.

Otra de las cosas es que uno puede sin robar, abusar, inteligentemente buscar formas o medios donde con un poquito de entusiasmo, convicción y chispa invitar a otro que no sabe qué hacer con sus medios, dinero u otro capital a invertirlo contigo. En otras palabras podemos empezar de cero usando el dinero de otros con un interés prometido.

Esta es la gran historia de Steve Jobs el que empezó una empresa, la Apple. *Sin títulos, sin dinero propio inició e hizo crecer a una de las más grande empresas de los tiempos usando su ingenio, talento, deseo, inteligencia de otros, dinero de otros que fórmula más poderosa.*

He vivido lo suficiente para decirte que nada es imposible en esta vida si en verdad se quiere algo. Siempre hay una puerta en cada esquina de la vida. Pero lograr esto también debo decir que requiere disciplina aplicada constantemente.

No tengo Educación

Es otro de los engaños satánicos para algunos. No pueden porque no "están educados". Algo que aprendí en la vida es la verdad que la educación de nada sirve si no se aplica y lo que descubrí en Estados Unidos es que en realidad la educación es la vida, es el esfuerzo, es el deseo para adquirir algo.

Una de las verdades más grandes que he aprendido es que uno se puede formar sin depender de la educación convencional. Tú eres tu educación. Por eso es que en la vida te encuentras con gente ignorante en la universidad y gente educada en la vida en general.

Para lograr algo no es necesaria la educación convencional, la gran mayoría que ha tenido éxito en la vida como empresario, ministro, artista y muchas otras profesiones no necesariamente fue porque lograron una 'educación', todo lo contrario fue porque un día se encontraron en su mente con un pensamiento, una idea, un deseo que pusieron en acción. Se sometieron a una disciplina inteligente y usaron su educación.

Esta verdad fue vivida con el gran Henry Ford empresario y el que introduce el concepto de un carro, Tomas Edison un gran inventor de Estados Unidos. Dwight Moody gran evangelista y pastor en Chicago. La educación convencional es buena si se adquiere pero no es necesaria. Zing Ziglar nos dice que uno se puede formar asistiendo a la universidad rodante, esa universidad es la que te enseña a que te eduques con libros, audios, videos al cumplir tus deberes diarios. Nada es imposible cuando alguien busca la forma de lograr saber lo que no sabe.

Así que un título no ha sido y no es el único medio para lograr tener algo. La educación está a las puertas de cualquiera que quiera es asunto de hacer conciencia, aceptar que hemos sido perezosos pero nunca es tarde para empezar a formarnos y ese tipo de personas tienen un éxito extraordinario. No hay excusas con o sin educación se puede lograr algo si nos sometemos a disciplinas apropiadas.

Emociones experimentadas

Otro de los enemigos de la gente inteligentemente disciplinados es que no dependan de sus emociones. Las emociones son traicioneras, pasajeras, ellas no son principios, leyes o reglamentos. Nuestras emociones en su mayoría de tiempo son enemigos de nuestra estabilidad, de nuestro avance pues en ocasiones nos tienen alegres, en otros desanimados y no podemos depender de ellas sino del conocimiento que siempre es estable y rentable.

El gran escritor John C. Maxwell nos dice: "Controle sus emociones o estas lo controlarán. No permita que sus sentimientos le impidan hacer lo que debe hacer o le lleven a hacer cosas que no debería hacer."

Por lo tanto a menos que hallamos educado nuestras emociones ellas serán enemigas en nuestra vida pues la mayoría se mueve por sentimientos, emociones pasajeras y depender de ellas hace que no se tenga una vida de disciplina pues solo se harán las cosas cuando nos sentimos bien, contentos, etc. Estos son aquellos que empiezan y nunca terminan algo, tienen aspiraciones y metas, se emocionan y así se apagan. Siempre están ocupados empezando tantas cosas pero siempre intentando, no terminando.

Debemos de una vez por todas entender que la gente que tiene éxito en sus disciplinas son aquellas que aunque llueve, relampaguee, truene, se sientan bien, se sientan cansados, se sientan desanimados nada de eso dictará sus éxitos o fracasos, ellos independientemente a lo que sientan, están sometidos a sus disciplinas, a su conocimiento, convicciones y realizan sus responsabilidades no por lo que en un hora sientan, o le pasó en un día, sino porque tienen metas claras que les guía durante esos momentos y días difíciles emocionalmente.

La vida y experiencia de Billy Barty nos demuestra la importancia de controlar las emociones y no ellas a nosotros. Rechazado una y otra vez y otra vez en la mayoría de veces por ser "enano", "chaparro", "bajito". En otra ocasión rechazado que aunque en la radio por tener una voz que lo presentaba como una persona muy alta. Los obstáculos en su vida, en su trabajo, en sus proyectos por ser pequeño si activaron sus emociones negativas pero siempre gano él. No fue el tamaño, no fue el título, no fue la aceptación de sus amigos, nada de esto.

Él concluye diciendo que "la persona más importante de la vida es usted. Si no puede aceptarse, usted tiene un problema." Sus éxitos como actor demuestran que no dependió de sus emociones de tanto rechazo. Dependió de su conocimiento, talento y pasión por vivir y ser alguien en la vida y lo fue hasta su muerte, un actor de renombre por más de 60 años.

Hagamos conciencia que las emociones son traicioneras y si no se saben controlar no hacen un papel sobre el Océano. Usemos la cabeza cuando se trata de vivir una vida disciplinada y no las emociones.

Palabras pronunciadas

Otro de los enemigos de lo que nos debemos cuidar es "las palabras" usadas en nuestro lenguaje, ellas tienen más influencia de lo que reconocemos. Si nuestras palabras son negativas como, 'no puedo, no tengo tiempo, no tengo dinero, no estoy educado, es imposible, estoy obeso, es difícil, yo no nací para esto, soy un fracasado, estoy triste, no me siento bien, estoy perdido', etc. Eso cosecharemos.

El lenguaje que usamos es de importancia para la ejecución de nuestras disciplinas. El joven llamado David tubo un sin número de éxitos en su vida y antes de vencer al gran Goliat leamos sus palabras, "El Eterno *te entregará hoy* en mi mano, *y yo te venceré. Cortaré tu cabeza*, y *daré hoy los cuerpos de los filisteos a las aves* del cielo y a las bestias de la tierra. Y *toda la tierra sabrá que hay Dios en Israel*." (1 Sam. 17:46.)

Todas estas frases son algunos ejemplos de palabras que sin darnos cuenta dictan a la mente y mientras más lo repitamos al subconsciente que forma nuestra manera de vivir, actuar y ver la vida, es de importancia que si deseamos ser personas verdaderamente disciplinadas cuidemos las palabras pronunciadas a nosotros mismos, podemos ser los mismos causantes de nuestra derrota en nuestra propia mente y vida.

Leyendo la biografía, los libros de Sandy Foster notarás *que tan poderosas son las palabras bien usadas como mal usadas en la vida de cada ser humano*. En el caso de ella, de ser una madre soltera dependiendo del Gobierno, aprendió a cambiar de conceptos, *vocabulario* y hábitos llevándola a ser una mujer de éxito, escritora y mentora internacional. Su propia experiencia la elevó a ser millonaria y triunfadora.

Ella comenta en su libro, "el uso de afirmaciones positivas cambiará tu vida mejorándola, como lo comprobaré. Bueno, después de la escena con mi hija, decidí cambiar mi programación subconsciente diciendo: "soy una millonaria sin deuda", porque pensé que eso sería bastante bueno. Pero en cuanto esas palabras salieron de mi boca, mi mente gritó: "mentirosa, mentirosa, no lo eres; cuanta tontería; ¿a quién quieres engañar? Estás quebrada," Bueno, lo primero que debes saber sobre las afirmaciones es que para que funcionen, tienes que CREER en las palabras que estás diciendo." – en su libro, "Como ser muy muy rico".

Las palabras tiene un poder que la mayoría no le da atención. Para ser personas exitosas debemos cambiar nuestro vocabulario, las palabras que nos decimos y escuchamos de otros. Nada es sin importancia en la vida de cada ser humano. Cuidemos de este enemigo antes que nos hunda en la arrogancia que la mayoría manifiesta de que "esto no es importante y no es para mí".

Gente indisciplinada

"Pero si una vez se permite un mal, será repetido, y su repetición lo transformará en un hábito, y así el carácter del niño recibirá un molde equivocado." (Conducción del Niño. Pg. 83,84.)

Otro de los enemigos de los que pocos se percatan es que quienes te rodean ayudan a formar tu carácter, influencian en tu vida y por lo tanto si te has propuesto vivir una vida disciplinada debes evitar personas indisciplinadas, personas que les encanta perder tiempo. Estas personas les fascinan hablar o llamar por teléfono la mayoría de veces porque no tenían que hacer y por lo tanto se acordaron de ti.

Están en el Internet por medio de redes sociales quitándole el tiempo a la gente y si no cuidas tú también caes en su juego. Evítalos como una rabia. Aléjate de ello solo consume energía, tiempo y te aleja de tus sueños. Les encanta visitar, fiestas, viajes sin sentido solo por "pasar el tiempo". Aléjate de individuos que no tienen éxitos en sus vidas, caracteres, sus hogares son señales de lo que han logrado, de lo que son, sino te gustaría vivir, ser lo que son ellos entonces no pierdas tu tiempo con esa gente.

En verdad si se desea tener una buena relación, un mejor día, empleo, entradas económicas ellas no vienen por la casualidad, son el resultado de elevadas disciplinas y hoy estás invitado a vivir tales oportunidades.

Dime con quién andas y te diré quién eres. Lo que tienes es el resultado de tu filosofía, de lo que llena tu mente, de lo que te tiene atrapado en una convicción. Lo que eres es la cosecha de lo que has dejado influenciar en tu vida, educación, libros, personajes, etc.

Busca, escucha, trata de estar con personas que tienen objetivos, metas, sueños en la vida, individuos que siempre están con una agenda, son organizados, para cada hora, día, semana, mes, años tienen programadas sus actividades si Dios les da vida. Somos los responsables que debemos formar el círculo de amigos en nuestra vida. No tomes esto sin importancia pues es radical en lograr esa vida disciplinada. Esto fue lo que le pasó al rey Roboam hijo de Salomón quien supuestamente debería ser más inteligente que su padre pero fue todo lo contrario. Escrito está que en el momento que debió fortalecer su reino y buscar como servir y ayudar a su pueblo; "Pero él, dejó el consejo de los ancianos y consultó a los jóvenes que se habían criado con él, y estaban con él." (1 Rey. 12:8.) Por no escoger bien sus amigos, consejeros y ayudantes terminó perdiendo dividiendo el reino que su abuelo y padre que habían cuidado tanto. Con quien te asocias dice mucho de tu futuro.

Nada es casualidad en la existencia de cada ser humano y por lo tanto te digo que si quieres ser alguien y no del montón requerirá tu atención, disposición y acción inmediata fuera de ellos serás amigo de tus enemigos, de aquellos que aman matar toda posibilidad de disciplina inteligente y éxito en la vida.

En conclusión el que es persistente nunca encuentra el NO tengo, NO puedo como razón para no seguir y tener: "Les dijo también: "Si alguno acude a su amigo a medianoche, y le dice: 'Amigo, préstame tres panes, porque un amigo mío ha venido a mí de viaje, *y no tengo* nada para ofrecerle'. ¿Le responderá él de dentro: 'No me molestes. La puerta está ya cerrada, y mis niños están conmigo en cama. *No puedo* levantarme a darte' Os digo, que aunque no se levante a darle por ser un amigo, *por su importunidad se levantará, y le dará lo que necesita.*" (Lucas 11:6-9.)

La Indisciplina
24

Mencionaremos algunos rasgos, hábitos y acciones de la indisciplina. Comenzaremos por decir que ella vive donde las personas no tienen visión y misión en la vida. Nada de importancia les gobierna. Duermen y despiertan sin propósito. Estas personas viven bajo las circunstancias, son amigos de sus emociones y sus pensamientos son los más débiles. La indisciplina no requiere mucho solo tu pereza en todo sentido, así eres un vagabundo en la sociedad.

Pero el disciplinado sabe, "Disciplina es pagar el precio para traer esa visión a la realidad. Es abordar los hechos duros, pragmáticos y brutales de la realidad y hacer lo que haga falta para que ocurran las cosas. La disciplina surge cuando la visión se une al compromiso." (Stephen Covey.)

Lo más fácil

Todo lo que rodea a personas indisciplinadas *es lo común*, siempre están esperando de otros, solo piden a Dios y no ponen de su parte. No les gusta esforzarse, les fascina lo más fácil.

Por lo contrario una persona disciplinada hace lo que sabe y paga el precio. Odian lo más fácil, les encanta esforzarse por sus sueños, metas y objetivos. No descansan hasta alcanzar lo que realmente quieren. ¿Somos como Dios? ¿Aprendemos de el como hijos? Él dijo: "Que anunció el fin desde el principio, y desde la antigüedad lo que aún no era hecho. Que dijo: *'Mis consejos se cumplirán, y hago todo lo que quiero'*." (Isa. 46:10.)

La pereza

"Un hombre con pereza es un reloj sin cuerda." (Jaime Balmes.)

Individuos bajo este tipo de vida no tienen plan, agenda u objetivo y por lo tanto les gusta dormir mucho. La cama es su amiga. La pereza es el hábito que han desarrollado y las quejas y murmuración está en sus labios cada momento. "El que allega en el estío es entendido, el que duerme en el tiempo de la siega es indigno." (Proverbios 10:5.)

La señora White nos dijo: "La pereza y la indolencia no son el fruto que debe llevar el árbol cristiano" (Manuscrito 24, 1894.)

Personas disciplinas tiene un horario para todo. Saben descansar pero también trabajar. Tienen tiempo para todo. Duermen cuando tienen que dormir y trabajan cuando tienen que trabajar. Porque saben que, "La pereza lleva a un sueño profundo, y el negligente padecerá hambre." (Proverbios 19:15.)

"¡Arriba, haragán! ¡No desperdicies la vida! Ya dormirás bastante en la sepultura." (Benjamín Franklin.)

No cuidan su salud

"La primera riqueza es la salud." (Ralph Waldo Emerson.)

Son descuidados, comen, tragan, la intemperancia es otra práctica vivida. No cuidan su salud, su físico no tiene importancia y por lo tanto son personas enfermas, obesas y todo les afecta en cualquier estación del año.

"La vida es una fuente de salud, pero esa energía surge sólo donde concentramos nuestra atención. Esta atención no sólo debe ser mental sino también emocional, sexual y corporal. El poder no reside ni en el pasado ni en el futuro, sedes de la enfermedad. La salud se encuentra aquí, ahora." (Alejandro Jodorowsky.)

Personas indisciplinadas, su mente es débil, son negativos y su humor y actitud es el resultado de su falta de salud. Pero una persona disciplinada cuida su salud, come lo que debe, lo que necesita, tiene sus horarios para sus comidas, ejercicios, la temperancia es su amiga.

"La obligación que tenemos de mantener el cuerpo con salud, es una responsabilidad individual. El Señor requiere de cada uno que obre su propia salvación día tras día. Nos invita a razonar de causa a efecto, para recordar que somos su propiedad, y a unirnos con Él para mantener el cuerpo puro y sano, y todo el ser santificado para Él." (Consejos Para los Maestros, Padres y Alumnos. Pg. 285.)

La puntualidad

La impuntualidad es una de sus prácticas en todo. Siempre tiene una justificación para sus errores y les encanta expresar, "así somos los latinos". No tienen una agenda para sus eventos, citas y no son responsables con lo demás. En verdad no conocen la puntualidad.

"Procuro ser siempre muy puntual, pues he observado que los defectos de una persona se reflejan muy vivamente en la memoria de quien la espera. (*Nicolás Boileau-Despréaux*) *(1636-1711) Poeta y crítico literario francés.*

Como seres humanos no llegamos a este mundo por casualidad, por lo menos eso entiende el disciplinado. Por lo tanto hay una obra que realizar en este mundo. "La puntualidad y la decisión en la obra de Dios son fundamentales. Las demoras son virtuales derrotas. Los minutos son de oro y deben ser aprovechados de la mejor manera posible. Las relaciones terrenales y los intereses personales siempre deberían ser secundarios. Nunca deberíamos permitir que la causa de Dios sufra en lo más mínimo por causa de nuestros amigos terrenales o nuestros parientes más queridos." (Mente Carácter y Personalidad tomo 2 pg. 621.)

Las personas con disciplina son organizadas, tienen una agenda y cada evento del día lo tiene apuntado, registran sus compromisos. "La informalidad en atender una cita es un claro acto de deshonestidad. Igual puedes robar el dinero de una persona si robas su tiempo." (Horace Mann) *(1796-1859) Educador estadounidense.*

Los disciplinados se disculpan y nunca más repiten sus errores en la impuntualidad. Esta práctica dice mucho de este ser humano. Ellos saben que "Todo tiene su tiempo, y todo lo que se hace debajo del cielo tiene su hora." (Eclesiastés 3:11.)

Disculparse en lugar de mejorar

La personas indisciplinadas les encanta excusarse cuando hacen las cosas mal, cuando llega tarde, cuando le llaman la atención o le corrigen se enoja. Grita que nadie le entiende y les repite a todos que él o ella no es perfecto/a.

Los disciplinados aprenden a mejorar, logran considerar las críticas, si está mal corrige. Todo consejo es considerado. Siempre está avanzando en su carácter, no se cansa de cuidar su desarrollo. Por eso aplica la palabra que dice: "Así, si alguno se limpia de estas cosas, será una vasija de uso noble, santificada, útil para el Señor, dispuesta para toda buena obra." (2 Timoteo 2:21.)

Lo haremos después

No dan seguimiento al conocimiento recibido. La dilación es uno de sus mejores hábitos. Todo está atrasado. Siempre están sus promesas al día, pero nunca las cumplen. Todo es pronosticado pero nunca llega su cumplimiento.

Lo más fácil para estas personas es decir, "lo haré más tarde", o si debe realizarse con alguien más, le encanta decir, "lo haremos después." El después es su lema y siempre vive en la ignorancia de la realidad. "Lazo es al hombre pronunciar un voto a la ligera, y reflexionar después de haberlo hecho." (Proverbios 20:25.) Prometer sin cumplir, saber sin practicar, destruye el carácter de cualquier persona.

La persona disciplinada sabe que debe practicar toda gota de luz, de conocimiento, eso lo hace, eso lo traslada a otra atmósfera, sus logros dependen de su consagración a la práctica de su conocimiento. Hoy es siempre el momento para él o ella de practicar. Este es el momento de empezar o continuar sus promesas, votos y metas.

Endeudarse más

Estas personas incrementan la lista de los pobres del mundo. Estos gastan lo poco que tienen, usan lo que no tiene, les encanta endeudarse y viven a la misericordia de todos. No saben que, "El rico domina al pobre, *el que toma prestado es siervo del que presta*. El que siembra iniquidad, siega males; y la vara de su insolencia se consumirá." (Proverbios 22:7,8.)

Las personas disciplinas saben que no pueden darse el lujo de tener lo que no pueden comprar con dinero en la mano. Ellos saben que vivir de dinero prestado les roba años de vida pagando los lujos de otros (intereses estúpidos). Ellos no se endeudan y si lo están empiezan la disciplina de pagar y no endeudarse más. Ellos aprenden el valor de un presupuesto. Tienen sus límites. Saben aprovechar todo centavo. Jamas de los jamases compran por emoción o hambre. Siempre hacen sus negocios, compras con sentido y mucha razón.

Perder el tiempo

"Los que emplean mal su tiempo son los primeros en quejarse de su brevedad." (Jean De La Bruyere.)
No tienen horario para nada, todo lo hacen al azar, lo que venga como venga. Les encanta perder tiempo en la iglesia, por teléfono, en las redes sociales. Les encanta los chismes y pleitos. Siempre están defendiendo sus derechos en lugar de mejorar su carácter. "Perversidades hay en su corazón, piensa el mal, en *todo tiempo* siembra discordias." (Proverbios 6:14.)

El tiempo es como el viento, arrastra lo liviano y deja lo que pesa. (Doménico Cieri Estrada.) ***Los indisciplinados, duplican*** sus palabras, sus movimientos no tienen objetivos, sus energías se esfuman sin ningún uso inteligente. Por lo contrario los disciplinados son organizados. Todo lo planean. Hacen uso correcto e inteligente del tiempo, su energía, su mente, facultades, dones, talentos, teléfono, redes sociales. No pierden tiempo en chismes o pleitos.

Para ellos, "La organización y la disciplina son esenciales..."
(Joyas de los Testimonios tomo 2 pg. 162.)

Vacaciones sin sentido

Crecen para todos los lados en el sofá. Lo que ven sus ojos son sus televisores, computadoras, la radio con shows espurios, inmorales, les encantan las vacaciones sin méritos. No tienen pero buscan el placer a cada momento. "En un orden espontáneo no pueden evitarse las frustraciones inmerecidas." (Friedrich Hayek.)

Los disciplinados saben cuándo descansar, relajarse. Ellos solo lo hacen cuando pueden ver sus logros. Nunca pierden el tiempo con el control del televisor en la mano. En lugar de shows de la radio, televisor ellos hacen algo que les de salud mental y física para relajarse como cuidar de su jardín, limpiar la casa, caminar con el perro. Platicar intencionalmente con sus seres queridos Escribirle una nota o ir con su esposa/o a las compras necesarias.

Los disciplinados solo toman vacaciones después de sus logros y con dinero ahorrado. "Si respetas la importancia de tu trabajo, éste, probablemente, te devolverá el favor." (Mark Twain.)

No se educan

En lugar de tomar libros, cursos, seminarios para educarse y mejorar les encanta ver partidos de futbol y otros, son fieles seguidores de novelas, películas sin sentido. Son ignorantes de las cosas que bendicen, pero disfrutan los chismes y vulgaridades de la sociedad.

Los disciplinados les encantan la educación. Todo educa para ellos, los problemas, los libros, no pierden tiempo al bañarse, al nadar, al caminar, al manejar, al cocinar, al trabajar en el jardín, al hacer ejercicio siempre escuchan un buen programa o se deleitan con un audio libro.

Ellos escuchan el consejo que nos dice: "El que comprende sus propias deficiencias no escatimará empeño para alcanzar la más alta norma de la excelencia física, mental y moral." (Mente, Carácter y Personalidad pg. Tomo 1 pg. 5.)

El negativismo

Otro tipo de personas indisciplinas viven bajo el engaño de las noticias. Se mortifican por cosas que no pueden cambiar, pierden un gran e importante tiempo leyendo periódicos, se desvelan viendo noticieros con las mismas noticias negativas todo el día. Crean su propio mundo, uno que es negro, frio y solo tienen la mente en cosas que no ayudan.

"No hay razón para que fijemos nuestra vista sobre el error, para quejarnos y afligirnos, y perder oportunidades y un tiempo precioso lamentando las faltas de los demás... ¿No sería más placentero para nosotros si fuéramos más imparciales, y viéramos cuántas almas sirven a Dios, y resisten la tentación y lo glorifican y honran con sus facultades y el intelecto? ¿No sería mejor considerar el maravilloso poder de Dios que obra milagros en la transformación de los pobres y degradados pecadores que han estado llenos de contaminación moral, transformándolos de tal manera que llegan a ser semejantes a Cristo en su carácter?" (NEV 250) (1893). (Mente Carácter y Personalidad tomo 1 pg. 47.)

En otras palabras aun lo que aparenta informar debe evaluarse, seleccionarse porque de lo contrario nos robará del tiempo tan precioso que tenemos para pensar, ver, hacer y buscar cosas que produzcan algo, bendición para nuestra propia vida, familia y la humanidad.

El negativismo es una enfermedad de la que muchos no se dan cuenta. También es una enfermedad seleccionada por el individuo que atrapa a millones. Por lo tanto una vida contraria, feliz, positiva, sinérgica es el camino que buscan los hombres y mujeres sabios. Todo en la vida es una decisión, elección y producción de nuestros propios pensamientos y deseos.

No meditan, no reflexionan

La indisciplina te mantiene perplejo, no te da paz mental y siempre estás apurado. Todo fuera de tiempo, de lugar. No les gusta meditar, ni reflexionar, es más no saben lo que es. Estas personas odian reflexionar y evaluar sus vidas, carreras, sus hogares, relaciones y actividades.

Meditar para ellos es perder tiempo. Reflexionar es un dolor de cabeza, una molestia. Por lo contrario a los disciplinados les encanta la meditación pues en ella encuentran nuevos rumbos, paz, ideas que bendicen, y la reflexión es para ellos el laboratorio de la evaluación de sus vidas, saben que si lo hacen podrán mejorar lo que no les está dando resultados. Cuentan sus bendiciones, toman notas de nuevos pensamientos, ideas para sus vidas, hogares y empresas. La meditación para ellos es una terapia que te vuelve a lo básico pero importante. Siempre te tiene con los pies en la realidad de la vida una vida de reflexión.

"Esta idolatría del vestido destruye todo lo que es humilde, dócil y amable en el carácter. **Consume las preciosas horas que debieran dedicarse a la meditación, al escudriñamiento del corazón, al estudio de la Palabra de Dios con oración.** . . . Ningún cristiano puede conformarse con las modas inmorales del mundo sin poner en peligro la salvación de su alma." (Review and Herald, 31-3-1891.)

Las personas disciplinadas la meditación los unen con Dios, los hace estudiar su conciencia. Les da paz interna. La reflexión los desnuda, los evalúa, los hace ver lo que necesitan mejorar y hacer para llegar a donde planearon, desean y quieren. Renacen al salir de ella. "Que mi meditación le sea agradable. En el Eterno me alegraré." (Salmos 104:34.)

Al final entendamos que, "No importa de quién se trate. . . el Señor os ha bendecido con facultades intelectuales capaces de vasto desarrollo. *Cultivad vuestros talentos con fervor perseverante. Educad y disciplinad la mente por el estudio, la observación* y la reflexión. No podéis encontraros con la mente de Dios a menos que pongáis en uso toda facultad." (Mente Carácter y Personalidad tomo 1 pg. 3.)

Una Segunda Naturaleza
25

"La única disciplina que dura es la autodisciplina." (Bum Phillips.) Dentro de lo bueno siempre hay algo mejor, súper, mucho más elevado y radicalmente exitoso. En el mundo de la disciplina no es la excepción siempre es creciente su potencial. Después de lograr establecer nuevos paradigmas, creer en el tipo de filosofía que pueda dictar nuevas acciones, cuando esas acciones han establecidos nuevos hábitos entonces podemos entrar a nuevas experiencias que por sí solas saben y tienen el poder de producir lo máximo en cada ser humano que lo desea y busque.

En este contexto el poder de elevarse comienza cuando se aman los buenos pensamientos que dan si se acciona buenos hábitos por ende nace el ascenso en la escalera no de lo bueno sino de la excelencia. Lograr esta experiencia está basado en la bendición del pensamiento enfocado, la disciplina establecida, vivida hace que nazca un poder capaz de darnos *otra capacidad – el autocontrol* en lo que es una vida productiva en todo sentido.

Disciplina un concepto

"Las creencias tienen el poder de crear y de destruir. Los seres humanos tienen la habilidad de tomar una experiencia en sus vidas y crear un significado destructivo o salvar sus vidas." - (Anthony Robbins.)

La persona disciplinada sabe que toda acción tiene su base en sus pensamientos estos forman sus conceptos, allí en sus conceptos a estas alturas él sabe lo que quiere, su visión es clara, algunos le llaman a esto fe, la fe de tal persona es fundamental para vivir a la altura de sus deseos. En realidad es un conocimiento con vida, con poder que puede mucho cuando se reconoce y usa. A esto llamo un concepto disciplinado. El que quiere logro en la vida debe empezar con su mente, con sus ideas, formar y disciplinar sus conceptos.

Un concepto disciplinado dicta que el individuo sabe que lo que tiene en mente, es lo que lo apasiona a buscar. Entiende que hoy es lo que es gracias a sus paradigmas y por lo tanto no pasa desapercibidamente en su mundo síquico. "Cuidado con lo que pretende ser, porque usted es lo que pretende ser." (Kurt Vonnegut.) Por lo tanto se vuelve selectivo mentalmente, solo deja aquellos pensamientos, ideas que él quiere que formen sus conceptos y dirijan sus acciones.

No es descuidado en lo que escucha, ve y experimenta sino es religiosamente cuidadoso en todo lo que deja influenciar su mente pues él quiere no lo bueno sino lo mejor para que sus ideas den vida, sus deseos sean lo excelente. "Ten cuidado con lo que pones en tu corazón - porque esto seguramente será tuyo." (James Arthur Baldwin.) Nada es casualidad y somos lo que pensamos consistentemente.

Cuando este individuo entiende el poder de los conceptos entonces tiene en las manos lo que lo motivará, lo que lo inspirará, lo que lo puede en el momento que él o ella quiera, transformar, cambiar, encaminar su vida a algo siempre mejor. Los conceptos son el camino para tal modelo.

Para que el mundo de los 1800 cambiara en Estados Unidos necesitó de hombres como Abraham Lincoln. Lograr la paz entre el Norte y el Sur no fue tarea fácil, requirió de conceptos profundos, claros y disciplinados. El presidente Lincoln demostró en toda su vida que él supo aferrarse a sus conceptos que *introdujeron este país a nuevas posiciones mundiales.*

Este hombre lo vivió en su vida personal, las encuestas y experiencias le decían fracasado y él gritaba, ¡seguiré intentando porque se lo que quiero! Antes de ser presidente políticamente tiene 11 derrotas en sus deseos públicos. Pero disciplinó un concepto, su concepto llegó a ser claro, él quería ser Presidente y eso llegó a ser.

Quiso demostrar que él era diferente, que podía unir enemigos así que empezó en su gabinete. Lo formó de personajes que eran enemigas, diferentes partidos y que hombre, demostró que se puede avanzar en la diversidad y si se tiene el correcto concepto de la vida, se puede.

La esclavitud y otros temas llevaron a la nación a la guerra civil, la guerra entre el Norte y el Sur. Contra todas las posibilidades de ganar, sus conceptos, fe, disciplinas lo llevaron al centro de la controversia. Guió a una nación dividida. Logró ganar la guerra y unir un país desunido. Esto no es el logro de un carácter variable, simple, inestable sino de la firmeza, la verdad vivida por uno mismo y el sometimiento a los conceptos que valen la pena vivir o morir por ellos como lo vimos en la vida del Abraham Lincoln.

Nada bueno viene por la casualidad, debemos disciplinar un concepto, hay que buscar, hay que encontrarlo y encontrado debemos cuidarlo a toda costa para mantenernos en el camino correcto. Por lo tanto sépase que, "La vida requiere de cuidado..." (Padre Fabio de Melo.) Somos responsables de cuidar lo que nos hace y hará cada vez excelentes, eso es posible disciplinando un concepto.

Concepto activado

"El cambio no vendrá si esperamos por alguna persona u otro tiempo. Nosotros somos por lo que hemos estado esperando. Nosotros somos el cambio que buscamos." (Barack Obama.)

Conocimiento acumulado sin activarlo es una gran presa de agua sin usarse. Es agua estancada que en lugar de ayudar afectará grandemente la ecología mental, espiritual, y aún físico. Lo más irónico es encontrarte con gente altamente intelectual pero sus vidas dicen lo mucho o lo poco que usan esos conocimientos estancados.

Su deseo y conocimiento activado lo llevaron a sacrificar la escuela, e involucrarse a las carreras de carros sin licencia. Su nombre es desde los cuatro años hasta los catorce (1985-1995) estudió en el colegio Santo Ángel de la Guarda, en Oviedo, donde cursó primaria y EGB. Después frecuentó el Instituto Leopoldo Alas Clarín de San Lázaro, donde permaneció hasta 2000, año en que abandonó los estudios porque los compromisos deportivos le impidieron seguir estudiando, de manera que ni siquiera terminó el COU.

- Con siete años Alonso ganó en 1988 su primera carrera oficial de karts, proclamándose campeón infantil de Asturias tras vencer en las ocho carreras de que constaba el certamen. Para entonces ya ostentaba desde hacía tres años la obligatoria licencia oficial de la Federación Española. En ella, el chavalín reconoce que tiene plena consciencia de sus actos y que se atendrá a todas las normas. Todo falsificado, claro.

- En 1989 se proclamó campeón de karting de Asturias y de Galicia. Al año siguiente debía competir ya en categoría cadete, algo que para la modesta familia se hizo prohibitivo: «Le compré un kart de primera mano y debía cuidarlo hasta los dieciocho años. Teníamos que empezar a competir en Europa y yo no tenía dinero para hacer frente a tantos gastos», ha confesado su padre.

- Cuando ya habían decidido desistir ante la desesperación del chaval de once años, surgió el «milagro». Apareció Genís Marcó, importador de karts, que se encaprichó de las cualidades del chaval, hasta el punto de que éste estrenaba un kart en cada carrera y Marcó le conseguía patrocinadores para los viajes o ponía él mismo el dinero de su bolsillo.

- En la categoría cadete se proclamó campeón de Asturias y del País Vasco en 1991, año en el que fue subcampeón de España porque no pudo participar en algunas carreras. En 1993 y 1994 conquistó ya sendos Campeonatos de España en la categoría junior, lo que le sirvió de pasaporte para participar posteriormente en el Campeonato del Mundo.

- Así, con un sueldo de 100.000 pesetas al mes y catorce años, llegó al Mundial de Karting. Era su primera participación y subió ya al podio como tercer clasificado, por delante de otro debutante, su competidor en fórmula 1 Kimi Raikkonen. Estamos en 1995. A fines de ese año probó un Toyota con éxito. La marca le ofreció correr el Campeonato de Fórmula 1 al año siguiente, pero Fernando, aconsejado por su padre, rehusó porque las condiciones económicas eran ridículas.

- En 1996, pues, siguió disputando carreras de karting, y aquel mismo año se proclamó campeón de España, del Trofeo Estival de Italia, del Marlboro Grand Prix y, lo que es más importante, campeón del mundo en categoría junior. En 1997 compitió en la categoría Internacional A, en la que se proclamó campeón de España, de Italia y de Europa.

- En 1998, aún en la misma categoría, fue de nuevo campeón de España, y ganó, además, el Trofeo París-Bercy, el de la Industria en Italia y el Open Ford. Entonces apareció en escena otro personaje fundamental en la carrera de Fernando, el ex piloto valenciano de Minardi en la fórmula 1 Adrián Campos, el que sería ya su sombra y mánager.

En 2003 fue ya piloto oficial de Renault, una marca más competitiva pero muy lejos aún de los Ferrari, los Williams o los McLaren. Pronto se consolidó como la revelación del campeonato, sobre todo a partir de que, el 22 de Marzo, se convirtiera en el piloto más joven en lograr la pole position en el Gran Premio de Malasia, donde además, con su tercer puesto, fue el primer piloto español en subir al podio. Consiguió esa pole a los 21 años, 7 meses y 22 días, superando ampliamente a quien ostentaba el récord, Rubens Barrichello (22 años, 3 meses y 5 días) o a campeones como Jackie Ickx (23 años, 8 meses y 3 días), Ayrton Senna (25 años y 1 mes) y Michael Schumacher (25 años, 4 meses y 12 días).

A lo largo de la campaña destacaría nuevamente con un subcampeonato en el Gran Premio de España celebrado en Montmeló, pero sobre todo en el Gran Premio de Hungría, donde se impuso con autoridad y se coronó en lo más alto de la fórmula 1 sacándole 26,6 segundos a su inmediato competidor, Kimi Raikkonen, y doblando nada menos que al campeón del mundo, Michael Schumacher. Con 22 años y 26 días Alonso entraba en la historia de la fórmula 1 al ser el más joven en lograr la victoria, superando el récord de Troy Ruttman (22 años y 80 días) y Bruce McLaren (22 años y 104 días), quienes ganaron en 1952 y 1959.

Finalmente, en el 2005, llega la consolidación de Fernando Alonso como piloto de Fórmula 1. Esta temporada es la más importante del automovilismo español hasta la fecha por ser la primera en que un piloto nacional esté muy cerca de convertirse en Campeón del Mundo de la especialidad. Ha sido un año ciertamente espectacular para Alonso, quien desde la pretemporada ha sabido establecer las bases de este gran triunfo.

Su espléndida conducción ha permitido a Fernando Alonso estar a punto de ser nada menos que el primer español y el piloto más joven en convertirse en Campeón del Mundo de la máxima categoría del automovilismo. Son contadas las carreras en las que no ha triunfado y numerosos los podios que ha conseguido. Los Grandes Premios de Australia, Malasia, Bahrein, San Marino (donde ganó después de un apasionante duelo con Schumacher), Francia, Alemania y España han sido algunas de sus mejores victorias de este año. Lo que esto nos ensena es que cuando tienes un conocimiento lo pones en acción. No hay obstáculos, ni problemas que te roben tu deseo. Ni la edad, dinero o leyes pueden impedir cuando ven un hombre o mujer convencido de lo que quiere. Es un ser actuante ya no solo pensante.

Cuando activas tus deseos, conocimientos no sabes a donde llegarás pero el futuro es brillante y prometedor pero por lo contrario toda información no usada es ignorancia aplicada. De nada sirve y solo somos una nube en el espacio. Nos destruimos al no activar toda información en la vida, así le pasa a las plantas que no usan el agua se ahogan, todo motor que no se usa se corroe. Todo órgano, musculo no activado se entiesa y deja de funcionar. "La vida está en gran parte compuesta por sueños. Hay que unirlos a la acción." (Anais Nin.)

La verdad es que mucha gente está al borde de su muerte en todo sentido solo porque no usa, no se anima usar, o no tiene el valor de usar lo que sabe. Sus acciones lo dice, sus pláticas, sus resultados, su progreso en carácter y personalidad. Cada estadística que nos dan de desempleados y enfermedades en los países desarrollados nos demuestran que la enfermedad de la pereza está activa. Por eso el lema nuestro es, "Pensad como hombres de acción, actuad como hombres pensantes." (Thomas Mann.)

La vida de todo conocimiento está en la aplicación, en vivencia de ella. Todo lo demás es pereza e ignorancia al no practicarse. Séneca lo dijo así, "Acción es todo lo que vence a la razón." Debemos activar todo conocimiento de la verdad, del deseo anhelado, de ese sueño que a gritos pide vivir. Acción y acción y más acción es el camino de toda verdad real. Cuando tus conceptos son activados entonces actúas, no hay desempleo solo producciones y logros.

Por lo tanto una persona que entiende y quiere ser disciplinada inmediatamente al adquirir información, conocimiento lo aplica, no deja la información de un libro, una charla, un sermón, una canción, una clase a la deriva sino que rápidamente lo ubica en su mente y lo lleva a la práctica. "La vida es acción y pasión, por lo tanto, se requiere de un hombre que comparta la pasión y la acción." (Oliver Wendell Holmes.)

Práctica repetida

"Para que los cambios tengan un valor verdadero deben ser consistentes y duraderos." – (Anthony Robbins.)

Vivir bajo *la disciplina buscada, inteligente* se comprende que no practicamos una vez lo que aprendimos sino *la clave de ella está en la repetición*, en ella permanece la bendición del éxito. Así que debemos someternos a este nuevo concepto *de la repetición de cada una de las verdades que sabemos si queremos convertirnos en ellas.*

"La diferencia entre una persona de éxito y otros no es la falta de fuerza o falta de conocimiento, más que todo es la falta de voluntad." (Vince Lombardi.) La voluntad tiene el poder para el que quiere realizar algo en verdad. La acción es pariente de la voluntad activa. La repetición de algo excelente ama a la voluntad.

Esta verdad es vista en la vida del gran Napoleón. Aquel general de veintisiete años transformó unos cuerpos de hombres desarrapados hambrientos y desmoralizados en una formidable máquina bélica que trituró el Piamonte en menos de dos semanas y repelió a los austríacos más allá de los Alpes, de victoria en victoria.

Tan gran fue su éxito en estas guerras y estrategias aplicadas consistentemente que sus campañas de Italia pasarían a ser materia obligada de estudio en las academias militares durante innúmeras promociones. Tanto o más significativas que sus victorias aplastantes en Lodi, en 1796, en Arcole y Rívoli, en 1797, fue su reorganización política de la península italiana, que llevó a cabo refundiendo las divisiones seculares y los viejos estados en repúblicas de nuevo cuño dependientes de Francia.

El rayo de la guerra se revelaba simultáneamente como el genio de la paz. Lo más inquietante era el carácter autónomo de su gestión: hacía y deshacía conforme a sus propios criterios y no según las orientaciones de París. El Directorio comenzó a irritarse. Cuando Austria se vio forzada a pedir la paz en 1797, ya no era posible un control estricto sobre un caudillo alzado a la categoría de héroe legendario.

Ningún hábito y carácter llega por casualidad es simplemente el resultado de un sin número de repeticiones de la misma acción. Así sucede con el pensamiento si quieres tener buenos pensamientos debes encontrar uno y repetir el proceso una y otra vez. A esto se refería el gran rey David al decir "Antes en la Ley del Eterno está su delicia, y en su Ley *medita de día y de noche*" (Sal. 1:2.) Si quieres siempre tener buenos sentimientos alinéate con uno y repite la sensación que sientes y verás que se convertirá en una hábito positivo. Cualquier acción en un buen hábito tiene el mismo proceso.

"Todo curso de acción tiene un doble carácter e importancia. Es virtuoso o malo, correcto o erróneo, de acuerdo con el motivo que lo impela. La frecuente repetición de un hábito erróneo deja una impresión permanente en la mente del que lo ejecuta y también en la mente de los que están relacionados con él de alguna manera, ya sea espiritual o temporal." (Conducción del Niño pg. 186,187.)

Nada es casualidad en la vida de una persona disciplinada aquí la ley de causa y efecto es cierto y verdadero. En breve los hábitos son el resultado del poder de la repetición. *Lo más interesante de este principio es que no importa lo que repitas, bueno o malo tarde que temprano se convierte en hábito.*

En este contexto no esperes el carácter deseado si no repites los sanos pensamientos, si no hay acciones repetidas a la excelencia. Tener el hábito de leer un libro por semana es imposible si no formas el hábito de leer cada noche o mañana uno o dos capítulos de un libro. No esperes levantarte más temprano o vencer el mal humor, malos sentimientos si no lo haces contra tu voluntad los primeros 21 días según la ciencia de la sicología, tiempo requerido para establecer un hábito.

La repetición es la fuente de los hábitos. "Todo ser humano presenta una resistencia innata a la obediencia. La disciplina anula esa resistencia y, mediante la constante repetición, hace de la obediencia algo habitual e inconsciente." (Patton Georgia Smith.)

Disciplina viva – Hábito llegado

"Con Cristo estoy crucificado, *y ya no vivo yo, sino que Cristo vive en mí. Y lo que ahora vivo en la carne, lo vivo por la fe en el Hijo de Dios*, quien me amó, y se entregó a sí mismo por mí." (Gálatas 2:20.)

Lograr el concepto de la repetición de cada información adquirida nos permite darnos el lujo de vivir vidas extremadamente fructíferas lo que puedes ver en las vidas de Einstein, Martin Lutero, Mandela, Gandhi, Jesucristo mismo y otros. Vivir en hábitos establecidos es lo que llamo Disciplina viva. Esta no es una naturaleza con la cual llegamos al mundo. Es una naturaleza escogida y establecida por uno mismo. Cuando se vive una disciplina repetidamente nos regala el bendito hábito.

En uno de sus grandes obras Napoleón Hill nos menciona una experiencia personal que tuvo con su hijo cuando nació. Siendo que él habla en sus obras del poder de la mente y cómo podemos hacer milagros, veremos en esta historia el poder que tiene la disciplina viva en cualquier área. Los doctores le dijeron que su hijo no podría oír ni hablar. Napoleón se negó a creer y contra todas la probabilidades el entró en una disciplina mental, emocional y física con su hijo de que él oiría.

La disciplina vivida de su padre, la consistencia de su madre en sus terapias y la fe hicieron un milagro en un sordo. En sus primeros años de vida logra oír débilmente. Con todos los problemas que se presentan con alguien sordo la disciplina viva en su creencia de que podía escuchar su hijo. Su hijo mismo que un día sus padres escucharon que el hijo quiso salir a vender periódicos, la madre temía que no podría pues no escucharía a la gente. Mientras sus padres fueron al trabajo ese día, el se salió por la ventana, fue al zapatero que le prestara 6 centavos los invirtió en periódicos fue y los vendió, pagó al zapatero su amigo su préstamo haciendo 42 centavos de capital. Esa noche cuando sus padres llegan a casa lo encuentran dormido con el dinero en la mano.

La disciplina viva en la mente de sus padres, en sus terapias y en su fe de que podría escuchar los llevó al logro de que Blair Napoleón no solo de no oír a oír algo y hablar, de algo más o menos bueno a algo muchísimo mejor con la ayuda final de unos audífonos especiales, escuchó perfectamente. El concepto disciplinado, trae un concepto activado, uno activado trae la practica repetida que da poderosos hábitos que forma tu personalidad. El punto es que cuando uno siembra las buenas filosofías, las disciplinas necesarias y vividas, llegan hábitos que no hay obstáculo para lo deseado.

Al final no solo escuchó y habló sino que se convirtió en un servidor de los sordos trayendo al mercado su propio aparato y sistema para implementar lo que bajo disciplinas inteligentes lo había llevado al escuchar y hablar sin problemas. Las disciplinas vivas tienen poder.

Contados son los que experimentan *la disciplina viva* que logran hábitos poderosos que hacen milagros, cambios y logros pues ella requiere dedicación, tiempo y voluntad consistente del individuo. Aquí él esta completamente convencido que el "trabajo debe ser hoy para gozar mañana" no existe para él o ella "gozar hoy y sufrir toda una vida" que es lo que la mayoría hace, deudas, malos matrimonios, hijos inesperados, enfermedades como el Sida y otros resultados del placer sin sentido.

"Lo bueno o lo malo llegan a ser un hábito, y los hombres revelan cada día lo que fueron su pensamiento y sus acciones en lo pasado." (Comentario Bíblico Adventista tomo 7 pg. 324.)

En este paso a la excelencia de la vida estos individuos ya superaron sus gustos naturales por sus realidades soñadas. Tienen éxito en lo que piensan, lo que desean es un hecho ya no un sueño pues tienen los hábitos que les ayudan y saben cómo lograrlo. Lograron un concepto, formaron hábitos, todo es realidad en sus mentes, todo es realidad en la vida. Viven lo que creen y son lo que piensan.

Hábito vivo – autodisciplina

"Un poco de conocimiento que actúa es mucho más valioso que tener conocimiento y no actuar."

Los hábitos no son la acción hecha un par de veces *sino las acciones establecidas ya sea síquico o físico, emocional o espiritual consistente.* La misma ley, *la repetición pero constante* forma los hábitos estables. Cualquiera que llega a este punto estará entre los grandes ministros, gobernantes, oradores, doctores, maestros, atletas, abogados, misioneros, artistas, millonarios y etc., son lo mejor de lo mejor en su área de convicciones.

Este estilo de vida no es cualquier vida pero es posible en cada vida, no es un 'tal vez', 'no puedo ahora', 'lo haré más tarde', 'estoy cansado, mañana'. 'Luego te llamo y lo hacemos'. "me cansé", "esto no me gusta", etc. A estas alturas todo lo bueno, toda acción productiva, todo pensamiento, todo lo que el individuo decidió ser ya no está en la lucha de ser sino recibe el regalo de toda esta verdad de la disciplina, entra al *poder del automático* de la disciplina del carácter.

Esto lo vemos en la vida de Warren Buffett, quiso desde pequeño ser rico y lo empezó, se propuso ser millonario y lo logró. Luego desea y avanza a ser billonario, es un éxito. Todo el mundo sabe quién es Buffett. ¿Cómo lo logró?, ¿fue un milagro? ¿Le fue heredado todo lo que tiene? No. Nada de eso.

En su biografía por Alice Schoroder es claro ver que el formó el hábito del trabajo duro, del negocio, del servicio y su filosofía lo dice todo. Él dijo así: "La vida es como una bola de nieve. *La parte importante es encontrar nieve mojada* y un monte verdaderamente largo." En otras palabras formó su sabia filosofía, la puso en acción, llegó a ser hábito y la dejó rodar, *él es lo quiso ser* hace más de 70 años en un mundo bajo la gran depresión en los 1930.

El hábito se vive, se vive y se vive. Los resultados son geniales en cualquier, cualquier área de la vida o profesión elegida. Sin embargo debemos saber que, "El hábito hace más fácil la repetición de un acto bueno o malo." (Comentario Bíblico Adventista tomo 7 pg. 354.)

El automático de la disciplina es *La autodisciplina,* es la excelencia de todo esfuerzo, de toda dedicación, de todo hábito repetido para el bien. Ya sea mental, físico, espiritual, emocional, material lo creas o no en esta esfera ya no tienes que forzarte a realizar las cosas, los pensamientos positivos, deseos, aspiraciones y metas, lo llegas a realizar naturalmente contra viento y marea, no importa el obstáculo. Todo lo bueno, todo lo excelente en tu área entras a ello *en automático,* ese es el regalo de una vida voluntariamente y consistentemente disciplinada.

Autodisciplina

"Si no te gusta lo que te sucede, cámbialo, tú no eres un árbol."
(Jim Rohn.)

Lograr un estilo de vida disciplinada es un gran paso en la existencia de un ser humano. Se entiende que a estas alturas el individuo está en el proceso del desarrollo productivo. Vive la ley que dice, "el que siembre, cosecha." Y sí que cosecha en la vida íntima, física, emocional, espiritual y material por lo contrario también cosecha el mendigar en la vida.

➢ M.C. Escher, una artista nos dijo, "Ayer y el día anterior había tanta primavera en el aire que se me hizo un nudo en la garganta. Oh, vaya, «tengo que trabajar». No tenía que hacerlo en absoluto, **pero la autodisciplina, una invención horrible, me lo ordenaba."** - Aunque diferenciamos en que la autodisciplina no es algo horrible para el que buscó voluntariamente este estilo de vida si estamos de acuerdo que ella es la bendición de poder pensar y hacer las cosas bajo autodisciplina que es la consecuencia de una vida bajo disciplinas escogidas, establecidas *pero recuerda, repetidas voluntariamente.*

En este punto de la vida estas personas han logrado una *segunda naturaleza*, aquella que hace lo que sabe, no lo que siente, alcanza sus pensamientos, aquellos que de verdad le beneficiarán. Es ahora una nueva persona, es un cambio constante, es vida productiva. Tiene la imagen de la verdad en todo lo que vive. La autodisciplina llega a ser su naturaleza. Así se vio en uno de los valientes del rey David, Eleazar le era tan natural pelear que no solo *peleó solo* contra los filisteos sino que entró en autocontrol venciendo a este ejército al punto que su "espada se quedó pegada en su mano." (2 Sam. 23:9.) La autodisciplina es poderosa, extraordinaria y genial para tener en alturas a los que vinieron a este mundo a dar, servir y producir bendiciones.

Este estilo de vivencia requiere constante evaluación. "Dios espera que edifiquemos nuestros caracteres de acuerdo con la norma que Él nos ha dado. Debemos colocar ladrillo sobre ladrillo, añadiendo gracia sobre gracia, descubriendo nuestros puntos débiles y corrigiéndolos de acuerdo con la dirección dada." (Dios Nos Cuida pg. 240.)

Esta segunda naturaleza es lo que llamamos hacer las cosas buenas, correctas, justas *naturalmente* y si hay algún éxito que da paz, alegría y prosperidad es esta, lograr este estado de vivencia. A este punto de estilo de vida ya no piensas y piensas, ya no luchas por hacer o no hacer, ya no tienes conflictos en tu conciencia si es o no justo, recto o verdadero, *automáticamente sabes lo bueno de lo malo, lo recto de lo incorrecto. Todo está sincronizado, la mente, los sentimientos, las acciones y así tu carácter y personalidad.* Cuando vives en esta verdad nada te desvía, solo cumples y logras como Nehemías cumples tus objetivos contra cualquier enemigo ya personal o exterior.

"Pero cuando Sanbalat horonita, Tobías, el siervo amonita y Gesem el árabe lo oyeron, se burlaron de nosotros, y nos despreciaron, diciendo: "¿Qué estáis haciendo? ¿Os queréis rebelar contra el rey?" - *Les respondí: "El Dios del cielo nos prosperará, y nosotros sus siervos nos levantaremos y edificaremos.* Vosotros no tenéis parte, ni derecho, ni memoria en Jerusalén"." (Nehemías 2:19,20.)

Amigo mío ve y triunfa con convicción y autodisciplina. Serás una máquina que nadie podrá detener y lo más importante es que todos serán finalmente beneficiados por tu existencia.

Autodisciplina *Te Transforma* 26

"Ningún hombre ha sido sabio de casualidad." (Seneca.)

Esta es la meta para un disciplinado, llegar *a una segunda naturaleza,* esa naturaleza escogida por ti, formada por ti, establecida por ti mismo. La autodisciplina es la excelencia alcanzada en el desarrollo de la vida del ahora y aquí. Este tipo de disciplina busca un sendero con sentido, ella le da razón de existencia a tu vida, te transforma, *te recrea a lo que tú quieres ser.*

"Nuestra obra es esforzamos para alcanzar, en nuestra esfera de acción, la perfección que Cristo en su vida terrenal alcanzó en cada aspecto del carácter. Él es nuestro ejemplo. En todas las cosas, hemos de esforzarnos para honrar a Dios en carácter... Debemos depender completamente del poder que ha prometido darnos." (Dios Nos Cuida pg. 241.)

La disciplina te comienza en el camino que te lleva a formar tu carácter. Pero la autodisciplina dentro de lo que Dios espera de nosotros mismos te trae a donde tú tienes el poder de formarte, recrearte, transformarte, cambiarte a tu gusto a algo mucho, mucho mejor y excelente. "Transformar una experiencia en conciencia, en esto estriba ser hombre." (André Malraux.) Esta es la esencia de la verdadera disciplina.

La autodisciplina tiene el poder de que tú seas y tengas lo que querías y deseas "naturalmente". Ella activa el poder del autocontrol y te hace cada vez más fuerte, grande y capaz. Analiza y verás que a esta altura tu mente, carácter y personalidad está en autocontrol por bien o para mal porque todo ser humano es regido por leyes como lo que "quieres, eres" "siembras y cosechas", "dime qué piensas y te diré quién eres", "causa y efecto" en 'auto natural'. Por eso se dijo: "Somos el resultado de lo que hacemos repetidamente. La excelencia entonces, no es un acto, sino un hábito." (Aristóteles,) para los que saben lo que tiene a mano y pueden llegar a ser.

La mayoría ni siquiera nos percatamos de esto que al final lo hayamos escogido o no lo que pensamos, lo que hacemos está en autocontrol por naturaleza pues la mente es dirigida por lo que pensamos en su mayoría inconscientemente, o lo que pensamos conscientemente por lo que nos influencia continuamente y sistemáticamente y así nuestra mente dirige nuestras acciones natural y voluntariamente.

Lo más hermoso de esta verdad es que ella te lleva a vivir tu destino. Cumples siempre tu misión. Logras tus objetivos con creces en la vida. Dejas un legado para el bien de los demás.

Mardoqueo lo demuestra en un tiempo de crisis para su nación, vivió lo que pensaba, José en los días de Cristo apareció para bajar y sepultar el cuerpo de su Señor cuando sus propios discípulos desaparecieron por temor a las represalias, el profeta Natán en un tiempo de crisis moral en su gobierno, Débora la guerrera en un tiempo cuando los hombres brillaban por su ausencia para representar y pelear por su nación tuvieron y fueron uno de esos caracteres muy pocos vistos.

"El carácter no se adquiere por casualidad. No queda determinado por un arranque temperamental, por un paso en la dirección equivocada. Es la repetición del acto lo que lo convierte en hábito y moldea el carácter para el bien o para el mal. Los caracteres rectos pueden formarse únicamente mediante el esfuerzo perseverante e incansable, utilizando para la gloria de Dios cada talento y capacidad que él ha dado." (Dios Nos Cuida pg. 240.)

Lo bueno de esta verdad del autocontrol escogido es para los que sembraron las semillas voluntariamente con disciplinas escogidas para ser lo mejor y excelente en su vida. Lo triste es para los que no supieron, no les importó, no lo aceptaron de todos modos por ley viven en autocontrol las ideas e influencias de otros o las de sus malas elecciones. Que desgracia para ellos pues son la miseria de la sociedad. Por eso este tipo de personas deben saber, "El hombre transforma el medio que lo rodea y manipula sus fuerzas retentivas y expresivas, para luego sufrir la influencia de la realidad que ha creado." (Manuel Maples Arce.)

La mayoría ni siquiera sabe porque hace lo que hace pero lo hace y eso se llama autocontrol ya elegido o imputado. Son pocos los que escogen dirigir sus vidas y de esos pocos algunos comprenden la importancia de una vida disciplinada, de esos algunos contados son los que lo logran y triunfan en esta área. Entre esos pocos los dedos nos ayudan a enumerar a los que han encontrado este secreto básico de que podemos vivir bajo autocontrol impuesto por lo que nos influencia exteriormente o bajo la autodisciplina que naturalmente nos pone bajo autocontrol por uno mismo.

"No hay nacimiento ni muerte; hay transformación bajo la ley del progreso." (Leibnitz.)

Las mentes, caracteres y personalidades son al final el resultado de lo que nos influencia, la diferencia está en que unos saben lo que quieren y lo buscan por sí mismos, otros se dejan llevar por otros. El poder radica en saber que podemos elegir las cosas, ideas, conceptos, filosofías que nos influenciarán y si hemos avanzado en esta luz y verdad podemos crear nuestros propios conceptos y filosofías siempre y cuando estén basadas en leyes, valores y principios universalmente aceptables. En mi caso creo en el libro más poderoso, la Biblia como fuente de este conocimiento y logro de un verdadero destino cumplido.

En el año de 1954 Luther King se convirtió en Pastor de la iglesia Bautista de la avenida, Dentar. Como se sabe en esta época fue la más fuerte de racismo en los Estados Unidos donde asesinarían a un joven de 14 años de edad, un militar y un pastor.

Estas circunstancias invitaron a Martin a un nuevo concepto. Con nuevas ideas se dedicó a proteger y boicotear a las personas negras que fueran encarceladas por supuestos abusos de la ley, la cual manejaban las personas blancas. Siempre *fue un impulsor de la No violencia*, donde daría un discurso titulado "tengo un sueño", "donde se imagina que sus cuatro hijos vivirían un día en una nación donde no sean juzgados por su color, sino por el contenido de su persona". Pero lograr esto requería un cambio de filosofía, de acciones pues su nación estaba sumida en la más grande obscuridad del racismo contra los negros.

Este tipo de sueño no muy común requería paradigmas, disciplinas y un carácter del más alto grado. Por lo tanto su devoción a Dios era extraordinaria, Luther King acostumbraba leer, meditar la Biblia y dar consejos guiándose en ella, por lo que llamó la atención del FBI, el FBI empezó a vigilarlo, puesto que pensaban que causaría más conflictos de los que ya algún día había hecho. Todo nuevo concepto y avance llamará la atención, serás el centro de un conflicto.

Este gran hombre y héroe de la historia tubo la capacidad de siempre evaluarse evaluó para poder mejorar. Fue un autocritico de sus propias acciones y mejoró en sus logros. Tan convertido está a sus propias ideas, convicciones que muchas veces tuvo que hacer cosas que no hubiera podido imaginar para avanzar en su fe, en su filosofía pero también recibió críticas de sus propios seguidores, ex seguidores y de los otros negros quienes buscaban la libertad de otra manera como Malcolm "X" y Black Power. Sin disciplina y filosofía correcta, no puedes resistir este tipo de críticas y luchas. Pero bajo pensamientos claros y disciplina implementada de la más alta clase en busca de un sueño él siguió hacia adelante forjando su propio destino.

Cuando tienes el hábito del buen pensamiento, la filosofía correcta y la acción correcta, esto repetido una y otra vez *entonces es cuando entras en autocontrol* hasta lograr tus objetivos. Luther Martin con sus convicciones repetidas, dichas una y otra vez, produjo un carácter, fijó su destino, libertar a sus hermanos, darles una oportunidad de mejor vida, logró estampar la verdad que lo dominaba con su propia vida a tal punto aunque muerto logró su sueño. Este hombre estaba en autocontrol a su destino que antes de morir él lo dijo, "he visto la tierra prometida", palabras que mencionara Moisés antes de morir.

No nos quejemos de esto y aquello en la vida pues la vida es lo que nosotros hacemos de ella. Cualquiera que quiera puede formar su propia mentalidad, carácter y personalidad pues es la bendición que Dios nos da a cada uno pero como requiere una disciplina elevada son poquísimos los que lo logran.

"Debemos trabajar parar obtener cuerpos sanos y mentes robustas que no se debiliten con facilidad, mentes que miren más allá de sí mismas a la causa y al resultado de cada movimiento que se hace. Entonces estaremos en condiciones de sufrir penalidades como buenos soldados. Necesitamos mentes que puedan ver las dificultades y superarlas con la sabiduría que viene de Dios, que pueda afrontar problemas difíciles y vencerlos. El problema más difícil es crucificar el yo, sufrir penalidades en las experiencias espirituales, adiestrar el alma mediante severa disciplina. Esto no producirá, tal vez, la mejor satisfacción al alma al principio, pero la consecuencia será paz y felicidad." (Mente Carácter y Personalidad tomo 1 pg. 13.)

Deseo que este libro te haya inquietado a considerar *la bendición de la disciplina* ya sea personal o universal en la vida de cada ser humano, te haya despertado a la necesidad o llevado al aprecio de ella. Tal vez logre inspirarte a empezar pero si te ayude a persistir en ello estando ya en ella estoy seguro que lograrás **el autocontrol, una segunda naturaleza** que es lo que al final nos forma o destroza por voluntad propia. "La autodisciplina, como virtud o activo, es algo inestimable para cualquier persona." (Duke Ellington.) Y como siempre digo en mis charlas, seminarios, conferencias y libros - La decisión es tuya y de nadie más.

¡Se Exitoso, Se disciplinado consistente, ve y triunfa!

Fin del libro

Sobre El Autor

El autor es un orador internacional sobre temas religiosos, liderazgo, salud y motivación por los últimos 20 años y autor de varios libros como: La Verdad Profética, Como Joven Cristiano Caí Pero Me Levante, El Código De Toda Posibilidad, El Líder Gladiador, El Noviazgo Cristiano, El Poder De La Disciplina, El Poder De Pedir.

Conozca más sobre Miguel Martin y reciba más información y entrenamiento gratuito en su página web **www.miguelmartin.info** y **www.laverdadprofetica.com**

Correo postal escriba a:
Miguel Martin
13722 Vida Ln.
Dallas Texas, 75253

www.ingramcontent.com/pod-product-compliance
Lightning Source LLC
Chambersburg PA
CBHW071401290426
44108CB00014B/1640